Dominik Radwan

Crowdinvesting als Anlageform für Privatinvestoren

Lohnt sich ein Crowdinvestment für private Kapitalgeber?

Bibliografische Information der Deutschen Nationalbibliothek:
Die Deutsche Nationalbibliothek verzeichnet diese Publikation in der Deutschen Nationalbibliografie; detaillierte bibliografische Daten sind im Internet über http://dnb.d-nb.de abrufbar.

Impressum:

Copyright © Studylab 2019

Ein Imprint der GRIN Publishing GmbH, München

Druck und Bindung: Books on Demand GmbH, Norderstedt, Germany

Coverbild: GRIN Publishing GmbH | Freepik.com | Flaticon.com | ei8htz

Inhaltsverzeichnis

Abkürzungsverzeichnis V

Abbildungsverzeichnis VI

1 Einleitung **1**

    1.1 Ausgangslage und Problemstellung 1

    1.2 Ziel der Arbeit 2

    1.3 Aufbau der Arbeit 3

2 Assetdefinition und Abgrenzung **4**

    2.1 Definition eines Assets 4

    2.2 Crowdfunding 5

    2.3 Crowdsourcing 12

    2.4 Crowdinvesting 13

3 Crowdinvesting in der Praxis **16**

    3.1 Kapitalsuchende 16

    3.2 Plattformen 20

4 Prozess des Crowdinvestings **24**

    4.1 Auswahl des Start-Ups 24

    4.2 Vorbereitung 25

    4.3 Unternehmensbewertung 25

    4.4 Finanzierungsrunde 27

    4.5 Mittelverwendung 28

    4.6 Exit 28

5 Rechtliche und Steuerliche Aspekte **30**

    5.1 Kleinanlegerschutzgesetz 30

    5.2 Steuerliche Behandlung 32

6 Analyse aus Sicht der Kapitalgeber **33**

    6.1 Darstellung der Kapitalgeber 33

    6.2 Motive 33

    6.3 Renditeanforderung 34

    6.4 Behavioral Finance im Bezug auf Crowdinvesting 36

    6.5 Handlungskatalog für Crowdinvestinganleger 41

7 Auswertung der Rentabilität von Crowdinvestments **43**

    7.1 Methodische Vorgehensweise 43

    7.2 Darstellung der Ergebnisse 44

    7.3 Interpretation der Ergebnisse 50

8 Fazit und Ausblick **56**

Literaturverzeichnis **59**

Abkürzungsverzeichnis

CAPM	Capital Asset Pricing Model
DAX	Deutscher Aktienindex
DCF	Discounted Cash-Flow
KASG	Kleinanlegerschutzgesetz
p.a.	per annum
P2C	Peer-to-Company
P2P	Peer-to-Peer
S.	Seite bzw. Seiten
SWOT	Strenghts, Weaknesses, Opportunities and Threats
USP	Unique Selling Proposition
VC	Venture Capital

Abbildungsverzeichnis

Abbildung 1: Befreiungstatbestände 31

Abbildung 2: Kapitalmarktanomalien 37

Abbildung 3: Gewinne und Verluste sowie Branchenverteilung der Start-Ups 45

Abbildung 4: Renditen der erfolgreichen Start-Up Investmentrunden 47

Abbildung 5: Volumen und Status Crowdinvesting Immobilien 49

1 Einleitung

1.1 Ausgangslage und Problemstellung

Eine adäquate Diversifikation ist eine der wichtigsten Vorrausetzungen in der Kapitalanlage. Große Unternehmen beschäftigen ganze Abteilungen mit der Asset allocation in unterschiedlichen Anlageklassen, um das vorhandene Vermögen sicher, liquide und rentabel anzulegen.[1] Diese drei Anlageziele werden insbesondere im magischen Dreieck der Vermögensanlage beschrieben und stehen im ständigen Zielkonflikt zueinander.[2] Neben der Kapitalanlage in die klassischen Assetklassen wie den festverzinslichen Wertpapieren, Immobilien oder Aktien, gibt es auch oftmals Spezialisten die z.B. für Private Equitiy Investitionen zuständig sind. Anders als bei den erstgenannten Assets, besitzt das Private Equity eine besonders starke Ausprägung des Rentabilitätskriteriums. Während Unternehmen aufgrund ihrer hohen Anlagesummen und Verbindungen in die Finanzwelt keine Probleme haben, in nicht börsennotierte (junge) Unternehmen zu investieren, blieb den Privatanlegern dieser Markt jedoch bis vor kurzem noch verschlossen.[3]

Viele innovative und erfolgversprechende Ideen scheitern bereits an der Umsetzung aufgrund ungenügend finanzieller Mittel. Die meisten Banken schließen wegen ihrer hohen Risikoaversion die Early-Stage Finanzierung eines Unternehmens grundsätzlich aus, da diese oftmals keine werthaltigen Sicherheiten bieten können. Venture-Capital-Gesellschaften wie Earlybird hingegen, erhalten weit mehr Finanzierungsanfragen als sie prüfen können. Dies führt dazu, dass die meisten Start-Ups ausselektiert werden und nur einige wenige die erforderliche Unterstützung erhalten.[4]

Crowdinvesting schließt diese Finanzierungslücke und bietet Privatanlegern in Deutschland nun seit 2011 die Möglichkeit, zusammen mit anderen privaten Investoren in ein Start-Up, nicht börsennotierte Wachstumsunternehmen oder in ein Immobilienprojekt zu investieren und gemeinsam an den Erfolgen oder auch Misserfolgen zu partizipieren.[5] Durch die Neuerungen des Web 2.0 sinken die Trans-

---

[1] Vgl. *Funke, C. et al.*, Anlegerpräferenzen, 2010, S. 7 ff.
[2] Vgl. *European Bank* for *Financial Services*, Vermögensanlage, 2014, S. 9 f.
[3] Vgl. *Jesch, T. A.*, Private-Equity-Beteiligungen, 2004, S. 15 ff.
[4] Vgl. *Beck, R.*, Crowdinvesting, 2017, S. 15.
[5] Vgl. *Hornuf L., Klöhn L.*, Ursprung, 2012, S. 240.

aktionskosten einzelner Zahlungsströme, wodurch eine effiziente und kostengünstige Finanzierung durch tausende Mikroinvestoren ermöglicht wird.[6]

Das Investitionsvolumen im Crowdinvesting nahm von 1,4 Millionen Euro im Jahr 2011 auf kumulierte 390 Millionen Euro im Jahr 2017 zu.[7] Auf Plattformen wie Seedmatch oder Companisto investieren teilweise über 80.000 registrierte Mitglieder in neue Projekte als Alternativanlage zu den klassischen Assets.

Doch ist die Investition in ein Unternehmen oder eine Projektgesellschaft, welche über eine Online-Plattform nach Kapitalgebern sucht, tatsächlich eine rentable Beimischung für das diversifizierte Portfolio eines Kleinanlegers oder doch in den meisten Fällen mit Verlusten verbunden? Diese Frage begründet auch die Motivation des Autors sich mit dem Thema Crowdinvesting im Rahmen dieser Bachelorarbeit genauer zu befassen. Aufgrund eines erfolgreichen Crowdinvestments in ein Start-Up, erzielte der Autor bereits selbst eine zweistellige Rendite innerhalb eines Jahres. Folglich hat er auch ein persönliches Interesse sich mit der Materie tiefergehend zu befassen und im Rahmen der Studie fundierte Renditekennzahlen zu erhalten.

Mittlerweile existiert vor allem im anglo-amerikanischen Raum bereits zahlreiche Fachliteratur zu den großen Überthemen „Crowdfunding" und „Crowdsourcing". Aufgrund des starken Wachstums des Crowdinvestings haben sich jedoch auch einige Autoren der wissenschaftlichen Darstellung zu explizit diesem Thema gewidmet. Neben dem deutschen Standardwerk „Crowdinvesting – Die Investition der Vielen" von Prof. Dr. Ralf Beck, gibt es diverse Artikel und Sonderausgaben in Journals wie z.B. dem Venture Capital Magazin oder der Zeitschrift für Bankrecht. Darüber hinaus finden sich auch Studien zum Informationsstatus von Investoren sowie Webseiten mit aktuellen Statistiken zu Investitionssummen, Branchen, Projektstatus und monatlichen Reportings über neue Entwicklungen.

1.2 Ziel der Arbeit

Ziel dieser Bachelorarbeit ist es, Crowdinvesting begrifflich klar abzugrenzen und hinsichtlich aller relevanten Aspekte darzustellen sowie einen Handlungskatalog mit Empfehlungen zu entwickeln. Mithilfe dieses Wissens soll anschließend im

---

[6] Vgl. *Beck, R.*, Crowdinvesting, 2017, S. 16.
[7] Vgl. https://de.statista.com/statistik/daten/studie/631202/umfrage/volumen-erfolgreich-finanzierter-crowdinvesting-projekte-crowdinvesting-in-deutschland/, Zugriff am 30.04.2018.

empirischen Teil die Rentabilität von bereits abgeschlossenen bzw. gescheiterten Crowdinvestings herausgefunden und in Bezug auf mehrere Kriterien analysiert werden. Letztendlich wird die eingangs gestellte Frage geklärt, ob ein Crowdinvestment nach dem heutigen Stand der Fakten eine rentable und empfehlenswerte Anlage darstellt oder nicht.

1.3 Aufbau der Arbeit

Auf die Einleitung zum Thema Crowdinvesting folgt eine Definition des Begriffs „Asset" mit einer anschließenden Abgrenzung von anderen Crowd-Finanzierungsformen. Hier soll ebenfalls geklärt werden, ob Crowdinvesting als eigenständige Assetklasse eingestuft werden kann. Danach erfolgt die Behandlung des Crowdvestings in der Praxis, mit einer Übersicht über die Kapitalsuchenden und die Anbieter der jeweiligen Plattformen im Internet.

Das Kapitel „Prozess des Crowdinvestings" gibt einen Überblick über den zeitlichen und technischen Ablauf einer solchen Finanzierung, beginnend mit der Auswahl der Start-Ups, bis hin zum Exit. Anschließend werden aktuelle rechtliche und steuerliche Aspekte betrachtet, die für Privatinvestoren von Relevanz sind. Im sechsten Kapitel erfolgt eine tiefergehende Analyse aus Sicht der Kapitalgeber in Kombination mit der Behavioral Finance Theorie. Als Ergebnis wird ein Handlungskatalog für Crowdinvestinganleger erarbeitet.

Im darauf folgenden empirischen Teil dieser Arbeit wird dann die Rentabilität des Crowdinvestings aus den vergangen Jahren ausgewertet und bezüglich mehrerer Aspekte interpretiert. Das letzte Kapitel zieht abschließend ein Fazit über die erarbeiteten Fakten sowie Erkenntnisse und gibt einen Ausblick auf die Zukunft.

2 Assetdefinition und Abgrenzung

Im folgenden Kapitel wird versucht, den Begriff „Asset" genauer zu definieren. Danach folgt eine Darstellung der Formen des Crowdfundings und des Crowdsourcings. Abschließend werden die Unterschiede zum Crowdinvesting aufgezeigt und überprüft, ob Crowdinvesting als eine eigenständige Assetklasse bezeichnet werden kann.

2.1 Definition eines Assets

Der Begriff „Asset" veranschaulicht bereits bei seiner Übersetzung ins Deutsche zu „Vermögenswert", was er bedeutet. Bei der semantischen Analyse kann man erkennen, dass ein Asset offenbar einen bestimmten monetären Wert aufweisen muss. Vöcking und Kaiser teilen Assets in drei Kategorien ein. Firmenbesitze und Wertpapiere beziehen sich vor allem auf Aktien und Anleihen, deren Wert sich durch die Erwartungshaltung von zukünftigen Cashflows ergibt. Bargeld und handelbare Güter wie Gold oder Rohstoffe bilden dabei die zweite Kategorie. Ihr Wert bestimmt sich durch Angebot und Nachfrage auf dem jeweiligen Markt. Zuletzt werden Vermö

gensgegenstände als Asset definiert, deren Preis abhängig von der Zahlungsbereitschaft eines Liebhabers oder Sammlers ist. Dies trifft insbesondere auf Kunst, Schmuck oder Antiquitäten zu.[8] Söhnholz und Dirk beschreiben wiederum vier Standard-Assetklassen im Asset-Liability-Management: Geldmarkt, Aktien, Anleihen und Immobilien. Hinzu kommen bis zu 50 weitere unterschiedliche Klassen, eingeteilt in Gruppen mit ähnlicher bis gleicher Korrelation zueinander. Darüber hinaus kommen noch über 250 Hedgefonds Betas, 3.000 „Barra" Faktoren und 100.000 Marktindices, welche die einzelnen Vermögenswerte immer enger zusammenfassen.[9] Eine allgemein anerkannte Formaldefinition einer Assetklasse existiert jedoch nicht. Robert Greer beschreibt in seinem Artikel „What is an Asset class, Anyway?" vier allgemeine Kriterien, die für einen Vermögensgegenstand zutreffen müssen, um als Assetklasse gelten zu können.[10]

Spezifische institutionelle Charakteristika kategorisieren die Anlageklassen beispielsweise durch die Unterschiede beim Erwerb einer Aktie zu einer Immobilie.

---

[8] Vgl. *Kaiser, H. Vöcking, T.*, Asset, 2002, S. 31.
[9] Vgl. *Söhnholz D. et al.*, Asset-Allocation, 2010, S. 102 f.
[10] Vgl. *Greer, R. J.*, Asset-Class, 1997, S. 86 ff.

Während der Kauf einer Aktienurkunde über Onlinebörsen wie „Tradegate" unkompliziert vorgenommen werden kann, muss für den Kauf einer Immobilie ein Notar hinzugezogen und eine Eintragung ins Grundbuch vorgenommen werden.

Des Weiteren hat laut Greer jede Assetklasse spezifische Risiko- und Ertragseigenschaften. Dies wird beim dem Vergleich der Renditen von Deutschen Staatsanleihen und dem Deutschen Aktienindex (DAX) klar. Eine zehnjährige Bundesanleihe rentierte 1995 noch mit 6,07 %, im Jahr 2017 lag sie nach konstantem Absinken jedoch nur noch bei 0,37 %.[11] Gleichzeitig ist das Risiko einer solchen Anleihe, ausgedrückt durch das Länder-Rating von Ratingagenturen wie Standard & Poors oder Moody's, mit AAA als sehr gering einzustufen.[12] Gegenteilig verhält es sich beim DAX, der bei Anlage im Jahr 1995 bis 2017 im Schnitt 8,1 % Rendite p.a. einbrachte. Dies allerdings zum Preis eines wesentlich höheren Risikos, ausgedrückt in der Volatilität.[13]

Als drittes Kriterium nennt Greer eine geringe Korrelation mit anderen Assetklassen. In Anbetracht einer notwendigen Portfoliodiversifikation ist es unerlässlich, verschiedene gering bis nicht korrelierende Anlageklassen zu besitzen, um im Falle eines Crashs die Verluste durch andere Assets aufzufangen. Zuletzt listet Greer einen positiven Ertrag bei passiver Langfristanlage auf. Eine Anlageklasse soll daher erst dann als solche gelten, wenn durch eine „Buy-and-Hold-Strategie" positive Erträge erwirtschaftet werden können.[14]

2.2 Crowdfunding

Crowdfunding ist ein relativ neues Phänomen, welches erstmals 2005 in Erscheinung trat und kurz nach der Finanzkrise im Jahr 2010 in Deutschland an Popularität gewann.[15] Während die Investitionsstimmung bei den institutionellen Anlegern aufgrund der Lehman-Pleite eher zurückhaltend war, suchten weiterhin Start-Ups und innovative Projekte nach Kapitalgebern für Ihre Ideen.[16] Um diese Nachfrage

---

11 Vgl. *https://de.statista.com/statistik/daten/studie/200193/umfrage/entwicklung-der-rendite-zehnjaehriger-staatsanleihen-in-deutschland/*, Zugriff am 04.05.2018.
12 Vgl. *https://www.boersen-zeitung.de/index.php?li=312&subm=laender*, Zugriff am 04.05.2018.
13 Vgl. *https://www.dai.de/files/dai_usercontent/dokumente/renditedreieck/2015-12-31%20DAX-Rendite-Dreieck%2050%20Jahre%20Web.pdf*, Zugriff am 04.05.2018.
14 Vgl. *Kaiser, H. Vöcking, T.*, Asset, 2002, S. 18 f.
15 Vgl. *Brüntje, D., Gajda, O.*, Crowdfunding-Europe, 2016, S. 9.
16 Vgl. *Schramm, D. M., Carstens, J.*, Crowdfunding, 2014, S. 1.

zu bedienen wurde im Jahr 2009 die Website kickstarter.com erstellt. Die mittlerweile größte Crowdfunding-Plattform hat seitdem mehr als 3,7 Milliarden US-Dollar eingesammelt und damit über 140.000 Projekte finanziert. Das Geld stammt von ca. 15 Millionen Privatinvestoren, die einen Bekannten unterstützen oder die Umsetzung eines Produktes finanzieren wollten.[17]

Um diese Form und alle nachfolgenden Arten der Finanzierung zu verstehen soll zunächst das Wort „Crowd" genauer betrachtet werden. Die wörtliche Übersetzung „Menge" trifft zwar zu, geläufiger ist jedoch die Bezeichnung „Schwarm". Bei der Crowd handelt es sich um eine Ansammlung von Menschen als Gruppe im Internet. Sie verfolgen ein gleiches bzw. ähnliches Ziel und möchten ein Projekt planen und/oder unterstützen.[18] Speziell auf das Crowdfunding bezogen geht es um die Umsetzbarkeit des Projektes durch die Gabe von finanziellen Mitteln.

An diesem Prozess sind grundsätzlich drei Parteien beteiligt. Der Gründer des Crowdfunding-Projektes möchte seine Idee umsetzen. Da sein eigenes Kapital nicht ausreicht oder er es nicht riskieren will, bittet er die Crowd um Hilfe und hofft auf einen positiven Anklang bei so vielen Menschen wie möglich. Die Crowd stellt die Menge an Personen dar, die den Gründer finanziell unterstützen möchten. Wie eingangs erwähnt, können die Motive hierfür unterschiedlichster Natur sein. In der Regel wird das meiste Kapital jedoch von denjenigen bereitgestellt, die die Idee des Gründers ansprechend finden. Als dritte Partei gilt die Plattform, die das Zusammentreffen der ersten beiden Parteien ermöglicht. Sie fungiert als Marktplatz für Angebot und Nachfrage zwischen Gründern und Crowd.[19]

Je nach Erwartungshaltung der Gegenleistung für die Finanzierung, wird Crowdfunding in vier Unterkategorien eingeteilt. Beim Reward-Based und Donation-Based Crowdfunding erwarten die Investoren keine finanzielle Gegenleistung, während die Kapitalgeber des Equity-Based und dem Lending-Based Crowdfunding durchaus von finanziellen Motiven getrieben sind.[20]

---

[17] Vgl. https://www.kickstarter.com/about, Zugriff am 30.04.2018.
[18] Vgl. *Schramm, D. M., Carstens, J.*, Crowdfunding, 2014, S. 5.
[19] Vgl. *Mausbach, C., Simmert, D. M.*, Crowdfunding2, 2014, S. 298 ff.
[20] Vgl. *Sixt, E.*, Schwarmökonomie, 2014, S. 56 ff.

2.2.1 Reward-Based

Bei dem Reward-Based Crowdfunding finanziert die Crowd die Umsetzung eines Projektes ohne eigene Renditeerwartungen. Es handelt sich dabei um Lifestyle-Produkte, Bücher, Filme, Videospiele oder Technologieprojekte, die erst ab einer bestimmten Mindestsumme produziert werden können. Wird die vom Gründer vorgegebene Gesamtinvestitionssumme innerhalb einer bestimmten Zeit erreicht, kann der Initiator des Projektes dieses umsetzen.[21]

Abhängig von der Höhe des zur Verfügung gestellten Geldbetrages einer Person, erhält der Unterstützer nach Fertigstellung das fertige Produkt, Eintrittskarten, individuelle Danksagungen, bis hin zu einem Treffen mit den Initiatoren des Projekts. Diese Staffelform des Belohnungssystems, hat sich mittlerweile auf den meisten Crowdfunding-Plattformen etabliert.[22] Man spricht dabei von Prämien oder „Dankeschöns", die den Anreiz zur Teilnahme zusätzlich erhöhen sollen.[23]

Dabei gilt im Regelfall das „Alles-oder-Nichts-Prinzip". Falls die Mindestsumme nicht erreicht wird, erhält die Crowd ihr Geld zurück und das Projekt wird vorerst als gescheitert erklärt. Der Gründer muss dann nach Alternativen zur Finanzierung suchen oder aufgrund der schlechten Resonanz die Idee verwerfen. Einige Anbieter bieten dem Gründer jedoch auch bei Nichterreichen des Finanzierungsziels an, das Geld zu behalten. Die Gebühr der Plattform erhöht sich dann jedoch von anfänglich ca. 3-5 % auf 4-9 % der eingenommen Summe.[24]

Die eingangs erwähnte Webseite Kickstarter.com ist im Reward-Based Crowdfunding aktuell Marktführer und veröffentlicht neben allgemeinen Hilfestellungen auch Listen mit Belohnungsvorschlägen, um die Crowd zum Mitmachen zu motivieren. Die bekanntesten Projekte sind unter anderem Smartwatches, Wanderjacken und innovative Rucksäcke. Mehr als 20 Millionen Euro von knapp 80.000 Menschen kamen so beispielsweise für die Smartwatch „Pebble Time" zusammen. Als Belohnung erhalten die Unterstützer ab einem Betrag von 159 US-Dollar die Uhr,

---

[21] Vgl. *Hemer, J. et al.*, Innovationsfinanzierung, 2011, S. 23 ff.
[22] Vgl. *Harzer, A.*, Erfolgsfaktoren, 2013, S. 52 f.
[23] Vgl. *Hemer, J. et al.*, Innovationsfinanzierung, 2011, S. 24 f.
[24] Vgl. *Sixt, E.*, Schwarmökonomie, 2014, S. 117.

die im Einzelhandel 199 US-Dollar kosten soll.[25] Die durchschnittliche Summe, die in ein Projekt investiert wird, beläuft sich auf ca. 246 US-Dollar.[26]

2.2.2 Donation-Based

Als Ursprung des „Online Fundraising" gilt die Zeit nach den Terroranschlägen vom 11. September 2001. Ein Höhepunkt wurde bei den Wahlen in den USA 2008 und 2012 erreicht, als Barack Obama 770 Millionen bzw. über 1 Milliarde US-Dollar an Wahlkampfspenden einnahm. Davon kamen bereits rund 70 % aus Online-Spenden.[27] Das Betterplace Lab fand heraus, dass Online-Spender jünger sind, über mehr Haushaltseinkommen verfügen und mit 62 US-Dollar bei Ihrer ersten Spende mehr spenden als ihr Offline-Pendant mit 32 US-Dollar.[28]

Das Donation-Based Crowdfunding bietet keine direkte Gegenleistung für Unterstützer an. Die Motivation der Crowd einen finanziellen Beitrag zu leisten begründet sich meist durch eine emotionale Bindung zu dem Projekt. Es handelt sich oftmals um gemeinnützige Vorhaben, welche eine Mindestsumme an Spenden benötigen um umgesetzt werden zu können.[29] Die bekannteste Plattform in Deutschland ist betterplace.org. Auf dieser rufen Menschen für diverse Themen wie Tierschutz, Flüchtlinge oder Umwelt für verschiedene Spendenaktionen zur Hilfe auf. Das geschieht über eine kurze Vorstellung des Projektes in Form eines Filmes und genaueren Infos darüber, wie das Vorhaben umgesetzt werden soll. Unterstützer können beispielsweise beim Bau einer Schule in Afrika unter anderem auch genau bestimmen, ob Ihre Spende in neue Schulbücher oder den Bau einer Rutsche fließen soll. Die durchschnittliche Spende beträgt dabei 60 Euro.[30]

2.2.3 Lending-Based

Lending-Based Crowdfunding bezeichnet die Kreditvergabe von Privatpersonen an Dritte mittels einer Lending-Plattform. Es wird zwischen Krediten an Privatpersonen (P2P) und an Unternehmen (P2C) unterschieden. Diese Form der Darlehens-

---

[25] Vgl. *https://www.kickstarter.com/projects/getpebble/pebble-time-awesome-smartwatch-no-compromises*, Zugriff am 02.05.2018.
[26] Vgl. *https://www.kickstarter.com/about,* Zugriff am 03.05.2018.
[27] Vgl. *Sixt, E.*, Schwarmökonomie, 2014, S. 101 f.
[28] Vgl. *Sixt, E.*, Schwarmökonomie, 2014, S. 104.
[29] Vgl. *Schramm, D. M., Carstens, J.*, Crowdfunding, 2014, S. 7.
[30] Vgl. *Sixt, E.*, Schwarmökonomie, 2014, S. 108.

vergabe verzeichnete in den letzten Jahren ein starkes Wachstum, welches voraussichtlich noch weiter anhalten wird. Gründe hierfür sind unter anderem ein Vertrauensverlust in die Banken aufgrund der weltweiten Finanzkrise 2008 sowie die überdurchschnittlich hohen Zinsen für Überziehungskredite bei kleineren Darlehen mit ca. 12 % p.a.[31] Die Vorteile finden sich insbesondere in der geringeren Kostenstruktur durch das rein Internetbasierte Geschäftsmodell. Plattformen wie smava.de oder auxmoney.de besitzen kein Filialnetz sondern benötigen lediglich einen dezentralen Firmensitz.

Kreditsuchende stellen auf den genannten Webseiten ihr Vorhaben der Crowd vor und geben ihre benötigte Kreditsumme an. Die Schuldner müssen vorab ihre Bonität nachweisen. Abhängig davon, ob es sich um ein Unternehmen oder eine Privatperson handelt, werden Bilanzen sowie Cash-Flow-Berechnungen, bzw. Gehaltsnachweise, Arbeitsverträge und Schufa-Auskünfte verlangt. Die Plattform vergibt dann nach Abschluss der Bonitätsprüfung ein Kreditwürdigkeits-Ranking.[32] Smava beispielsweise unterscheidet nach Risikoklassen von A bis H, wobei die Ausfallwahrscheinlichkeit von ca. 1,38 % bis 15,02 % reicht. In Abhängigkeit davon steigt dann der zu zahlende Zins. Eine Besicherung auf konkrete Vermögensgegenstände erfolgt jedoch in den meisten Fällen nicht.[33]

Mit dem Kapital können anschließend Investitionen in neue Maschinen für ein Unternehmen, bis hin zum Anbau einer Garage oder dem Kauf eines Autos finanziert werden. Auxmoney gibt für über 60 % der vergebenen Kredite die Ablösung anderer Kredite (Dispoausgleich, Autokredit, usw.), Möbelkauf und die Existenzgründung als Verwendungszweck an. Der durchschnittliche Investor erhält dabei eine Rendite von 5,0 % p.a.[34]

Der Kapitalgeber eines Lending-Based Crowdfunding tut dies mit einer Renditeerwartung. Dieser Kredit muss in jedem Fall verzinst zurückgezahlt werden – auch wenn das finanzierte Projekt oder das Unternehmen Verluste generiert. Durch niedrige Einstiegssummen von teilweise 50 Euro, können Anleger ihr „Lending-Portfolio" breit diversifizieren. Die Ausfallrate von Kreditnehmern aus Onlinekreditportalen wie auxmoney.de ist mit 3,0 % lediglich um 0,5 Prozentpunkte höher

---

[31] Vgl. *Schmiedgen, P.*, Innovationsmotor, 2014, S. 130.
[32] Vgl. *Lindmayer, P., Dietz, H.-U.*, Geldanlage, 2017, S. 180.
[33] Vgl. *Sixt, E.*, Schwarmökonomie, 2014, S. 148 f.
[34] Vgl. *https://www.auxmoney.com/infos/statistiken*, Zuriff am 04.05.2018.

als die der klassischen Bankkunden mit 2,5 %. Die durchschnittliche Anlagesumme eines privaten Kreditgebers auf Auxmoney lag im Jahr 2013 bei ca. 1.600 Euro.[35]

2.2.4 Equity-Based

Das Equitiy-Based Crowdfunding – im Deutschsprachigen Raum auch als Crowdinvesting bezeichnet – stellt den Kern dieser Arbeit dar. Da in den folgenden Kapiteln noch explizit auf die einzelnen Phasen und Details eingegangen wird, soll in diesem Unterkapitel das Konzept nur im Allgemeinen beschrieben werden.

Wie eingangs erwähnt, war die Beteiligung an nicht börsennotierten Unternehmen bisher den institutionellen Anlegern und Business Angels vorbehalten. Durch Crowdinvesting-Plattformen wie Companisto und diversen anderen, auf die im Kapitel 3.2 noch genauer eingegangen wird, ist es Privatanlegern nun ebenfalls möglich zu investieren. Dabei kann es sich um Investitionen in Start-Ups in der Early-Stage-Phase, nicht börsennotierte Wachstumsunternehmen oder Projektgesellschaften zum (Aus-)Bau von Immobilien oder anderen kommerziellen Projekten handeln. In der weiteren Auffassung des Begriffes kann man Crowdinvesting als all jenes definieren, was die Crowd als „Investment" betrachtet.[36] Der englischsprachige Begriff „Equity-Based Crowdfunding" - also Eigenkapitalbasiert – wird der Realität in Deutschland allerdings nicht gerecht. In der Praxis werden bedingt durch gesetzliche Änderungen hauptsächlich partiarische Darlehen bzw. Nachrangdarlehen vergeben und vertraglich dann mit entsprechenden Gewinn-, Zins- oder Exitbeteiligungsansprüchen ausgestattet.[37]

Zur Vereinfachung wird im Folgenden nur die Start-Up-Finanzierung benannt, da diese den gesamten Prozess des klassischen Crowdinvestings durchläuft. Abweichungen zu Finanzierungen von bspw. Projektgesellschaften oder Wachstumsunternehmen werden an den jeweiligen Stellen aufgezeigt.

Äquivalent zu den drei anderen Crowdfundingformen, gibt es beim Crowdinvesting wieder drei Akteure. Das Start-Up präsentiert sich mithilfe eines Kurzfilms, Unternehmenskennzahlen, Zukunftsprognosen sowie einem Businessplan auf einer Crowdinvesting-Plattform. Der Crowd werden auf dieser Plattform alle zur Verfügung stehenden Unternehmen und Informationen dargestellt. Des Weiteren wird

---

[35] Vgl. *Sixt, E.*, Schwarmökonomie, 2014, S. 151 f.
[36] Vgl. *Beck, R.*, Crowdinvesting, 2017, S. 38 ff.
[37] Vgl. *Hainz, C. et al*, Kleinanlegerschutzgesetz, 2017, S. 31.

aufgezeigt, wie hoch der prozentuale Anteil am Unternehmen bei einer definierten Anlagesumme wäre. Die Laufzeit einer solchen Beteiligung ist abhängig von der Plattform und den Plänen des Start-Ups. Sie reicht von 5-8, im Ausnahmefall bis zu 10 Jahren und kann teilweise frühestens nach 3 Jahren von der Crowd gekündigt werden.[38] Es handelt sich damit um ein mittel- bis langfristiges Investment. Ähnlich wie bei dem Reward-Based Crowdfunding bieten einige Start-Ups auch hier gestaffelte Belohnungen ab einer bestimmten Investitionssumme an. Getreu dem Alles-oder-Nichts-Prinzip wird bei Erreichen der Mindestsumme durch die einzelnen Mikroinvestoren das Kapital gebündelt. Die Summe wird dann bedingt durch gesetzliche Regularien meist in Form eines partiarischen Nachrangdarlehens an das Unternehmen vergeben.[39] Ein Nachrangdarlehen bedeutet, dass die Forderungen der Investoren im Insolvenzfall erst nach sämtlichen Gesellschaftsgläubigern befriedigt werden. Die partiarische Komponente steht dabei für die Anteile am Gewinn und dem eventuellen Exit.[40] Die Investoren erhalten durch Ihre Investition vertragsgemäß Anteile am Unternehmen und damit eine Berechtigung an den Zahlungsströmen. Gewinne werden jährlich verbucht und den Investoren gutgeschrieben, Verluste werden ebenfalls vermerkt und müssen vor den Gewinnauszahlungen erst ausgeglichen werden. Eine Nachschusspflicht besteht für die Investoren jedoch nicht. Das für Investoren hauptsächlich relevante Ereignis ist allerdings der Exit. Wenn die Beteiligung endet oder das Start-Up nach einigen Jahren durch ein anderes Unternehmen gekauft werden sollte bzw. an die Börse geht, erhalten sie abhängig von der Höhe ihrer Beteiligung einen prozentualen Anteil vom Kaufpreis bzw. der Aktien.[41] Der letzte wichtige Aspekt zu Crowdinvestings betrifft die Handelbarkeit der Beteiligungen. Es existieren zwar drei inoffizielle Zweitmärkte, ein Handel der Beteiligungen ist jedoch vonseiten der Plattformen nicht vorgesehen. Ein Crowdinvestment ist damit in der Regel eine „Alles-oder-Nichts-Investition", da die Beteiligungen bis zum Exit fast vollkommen illiquide sind.[42] Das durchschnitt-

---

[38] Vgl. *Sixt, E.*, Schwarmökonomie, 2014, S. 135.
[39] Vgl. *Sixt, E.*, Schwarmökonomie, 2014, S. 133.
[40] Vgl. *Bußalb, J.-P.*, Nachrangdarlehen, 2015, S. 19 ff.
[41] Vgl. *Kortleben, H., Vollmar, B. H.*, Gründungsfinanzierung, 2012, S. 6 ff.
[42] Vgl. *Lindmayer, P., Dietz, H.-U.*, Geldanlage, 2017, S. 183.

liche investierte Kapital eines Crowdinvestors auf der Plattform Seedmatch.de lag im Jahr 2015 bei ca. 1.700 Euro.[43]

Bei der Investition in Wachstumsunternehmen – so genannte Venture Loans – oder Projektgesellschaften zur Immobilienfinanzierung, erhalten die Kapitalgeber für ihre Investition statt prozentualen Beteiligungen am Gewinn oder Exit eine feste Verzinsung für einen bestimmten Zeitraum. Das Kapital wird am Ende der Laufzeit zuzüglich der Zinsen und eventuellen Bonuszinsen an die Crowd ausgezahlt.[44] Die Grenzen zum Lending-Based Crowdfunding sind dabei fließend und verändern sich stetig durch die Anwendung in der Praxis.

2.3 Crowdsourcing

Der Begriff Crowdsourcing stellt einen Neologismus aus den Wörtern Crowd und Outsourcing dar. Bestimmte Arbeiten werden dabei an die bereits definierte Crowd ausgelagert. Die Motive der Crowd können wieder unterschiedlichster Natur sein. Neben der nur selten vorkommenden monetären Vergütung, ist es meist Freude oder Anerkennung, die die Crowd antreibt.[45]

In einem Idealtypischen Verlauf benötigt der Crowdsourcer – meist ein Unternehmen – Hilfe bei der Lösung eines Problems oder einer Aufgabe. Er wendet sich dann über eine Crowdsourcing-Plattform oder über eigene Informationskanäle an die Crowd. Abhängig von der Aufgabe wird diese in Teilaufgaben zerlegt und an die Crowd übermittelt. Diese beginnt nun mit dem Abarbeiten bzw. der Lösung des Problems und sendet die Ergebnisse zurück an den Crowdsourcer. Sobald die Resultate für den Auftraggeber zufriedenstellend sind, wird das Crowdsourcing-Projekt beendet und eventuelle Prämien an die Crowd verteilt.[46]

Crowdsourcing hat bereits eine breite Marktdurchdringung erreicht und ist Bestandteil zahlreicher Geschäftsmodelle von Unternehmen. Durch den Aufruf zur Einsendung von Bild- und Videomaterial nutzen Nachrichtenportale die Crowd, um die Inhalte anschließend zu veröffentlichen. Auf Amazon werden Käufer eines Produktes animiert, dieses in einer Rezension zu beschreiben und eine Sterne-

---

[43] Vgl. *https://www.seedmatch.de/system/files/campaign/seedmatch-in-zahlen-q4-2015.pdf*, Zugriff am 28.05.2018.
[44] Vgl. *Sixt, E.*, Schwarmökonomie, 2014, S. 96 f.
[45] Vgl. *Hoßfeld, T.*, Crowdsourcing, 2012, S. 204 f.
[46] Vgl. *Leimeister, M.*, Crowdsourcing3, 2012, S. 391.

bewertung abzugeben. Wikipedia, die größte Online-Wissenssammlung der Welt, existiert lediglich durch die Millionen, von der Crowd geschriebenen Artikeln.[47]

Im Jahr 2010 ließ Fiat sich bei der Gestaltung des neuen Fiat 500 von Millionen Menschen im Internet inspirieren, indem das Unternehmen durch einen Design-Contest zum Mitmachen aufrief. Durch die Auswertung der verschiedenen Konzepte, erkannte Fiat die Kundenpräferenzen und konnte diese dementsprechend umsetzen.[48]

Das Prinzip hinter dem Crowdsourcing wird als Weisheit der Massen bzw. Schwarmintelligenz beschrieben. Durch die vielen unterschiedlichen Sichtweisen, Meinungen und Präferenzen innerhalb einer Crowd entstehen regelmäßig bessere Kollektiventscheidungen als durch die Bearbeitung einzelner Individuen.[49]

2.4 Crowdinvesting

Im Folgenden Kapitel werden die Unterschiede zwischen Crowdinvesting und anderen Crowd-Finanzierungsformen herausgearbeitet, um anschließend das Crowdinvesting auf die Kriterien der Assetdefinition zu untersuchen.

2.4.1 Unterschiede zu anderen Crowd-Finanzierungsformen

Auf Basis der erarbeiteten Grundlagen im Kapitel 2.2 ergeben sich somit mehrere fundamentale Unterschiede zwischen Crowdinvesting und anderen Crowd-Finanzierungsformen:

1. Die Crowdinvestoren handeln primär aufgrund finanzieller Motive. Das Ziel eines Anlegers hat, anders als beim Donation-Based Crowdfunding, keinen gemeinnützigen Hintergrund und dient auch nicht nur der Umsetzung eines einzelnen Projektes, wie beim Reward-Based Crowdfunding. Das Ziel ist immer der Erhalt einer Rendite.
2. Die Crowd möchte am Erfolg eines Unternehmens teilhaben. Ähnlich wie dem Unterschied zwischen einer Anleihe und einer Aktie, verhält es sich zwischen dem Lending-Based und dem Equity-Based Crowdfunding. Während die Investoren bei ersterem lediglich regelmäßige Zinszahlungen und

---

[47] Vgl. *Kleemann, F. et al.*, Crowdsourcing2, 2009, S. 14 f.
[48] Vgl. *http://www.sueddeutsche.de/auto/der-neue-fiat-ein-volk-tobt-sich-aus-1.909162*, Zugriff am 02.05.2018.
[49] Vgl. *Leimeister, M.*, Crowdsourcing3, 2012, S. 388.

ihr Ursprungsinvestment zurückerhalten möchten, hat ein Start-Up-Crowdinvestor höhere Return-Erwartungen. Er spekuliert vor allem auf eine hohe Auszahlungssumme durch einen erfolgreichen Exit.

3. Die Crowd verlangt kontinuierliche Berichte und Updates. Aufgrund der mittel- bis langfristigen Laufzeit eines Crowdinvestments, müssen sich die Start-Ups zu quartalsweisen Reportings und Abgabe eines Jahresabschlusses verpflichten. Die Investoren haben zwar kein Mitspracherecht, können aber auf der Plattform mit den Gründern in Kontakt treten und Fragen stellen.[50]

4. Das durchschnittlich investierte Kapital ist wesentlich höher. Während beim Donation-Based Crowdfunding die Durchschnittsspende 60 Euro beträgt und der durchschnittliche Unterstützer auf Kickstarter.com knapp 246 US-Dollar in ein Projekt investiert, ist die Summe bei den Renditegetriebenen Crowdfunding-Formen um ein Vielfaches höher.

Allerdings befindet sich die Auslegung des Begriffs Crowdinvesting stetig im Wandel. Anfangs noch rein auf das Eigenkapitalbasierte Crowdfunding bezogen, legt die Crowd den Begriff in der Praxis weiter aus. Die im März 2018 durchgeführte Umfrage „Was zählt als Crowdinvest?" der Webseite crowdinvest.de mit 177 Teilnehmern kam zu dem Ergebnis, dass fast 60 % der Befragten die Investition in Kreditprojekte ebenfalls als Crowdinvest betrachten.[51] Diese neue Sichtweise ist in der bisher erschienenen Literatur noch nicht vertreten, weshalb Kreditprojekte vorerst weiterhin dem Lending-Based Crowdfunding zugeordnet, der Vollständigkeit halber aber trotzdem erwähnt werden.

2.4.2 Zutreffen der Assetkriterien auf Crowdinvesting

Crowdinvesting ist am ehesten mit dem Private Equity (außerbörsliches Eigenkapital) oder Venture Capital (Risikokapital) vergleichbar. Es handelt sich dabei um die zeitlich begrenzte Finanzierung eines nicht börsennotierten Unternehmens mit Eigenkapital. Im anglo-amerikanischen Sprachraum existiert dabei eine klare Trennung zwischen Venture-Capital und Private Equity. Abhängig von der Lebenszyklusphase des zu finanzierenden Unternehmens, spricht man bei Unternehmen in

---

[50] Vgl. *Sixt, E.*, Schwarmökonomie, 2014, S. 137.
[51] Vgl. *https://www.crowdinvest.de/sites/default/files/dateien/grundlagen_der_datenerhebung_v1_-_crowdinvest_de.pdf*, Zugriff am 27.05.2018.

der Early Stage Phase vom Venture Capital, in der Expansion und Later Phase vom Private Equity.[52] Bischoff und Witzel beschreiben dabei Venture Capital als eigene Assetklasse.[53]

Zur Überprüfung, ob Crowdinvesting ebenfalls als eigenständige Assetklasse bezeichnet werden kann, sollen die vier Kriterien von Greer herangezogen werden.

Die spezifischen institutionellen Charakteristika besitzen Crowdinvestings aufgrund Ihrer Handelbarkeit über die jeweilige Plattform. Bei der Investition in ein Unternehmen, erhält der Investor ein Beteiligungszertifikat über die Höhe seines Investments und die Anzahl seiner Anteile. Die spezifischen Risiko- und Ertragseigenschaften eines Crowdinvestments sind nur zum Venture Capital bzw. Private Equity gleich, da hier ebenso in Start-Ups bzw. nicht börsennotierte Wachstumsunternehmen investiert wird. Genauso verhält es sich mit der Korrelation zu anderen Assetklassen. Der positive Ertrag bei einer Langfristanlage ist bei Crowdinvestings äquivalent zum Venture Capital/Private Equity möglich.

Da Privatpersonen (abgesehen von Business Angels) jedoch keine Möglichkeit haben ohne Drittpartei in ein nicht börsennotiertes Unternehmen zu investieren und eben diese Investition die Kriterien einer Assetklasse von Greer erfüllt, muss die Alternativlösung über Crowdinvestings als eigenständige Assetklasse angesehen werden.

---

[52] Vgl. *Achleitner, A.*, Venture-Capital, 2001, S. 514.
[53] Vgl. *Kaiser, H. Vöcking, T.*, Asset, 2002, S. 305 ff.

3 Crowdinvesting in der Praxis

Im Dritten Kapitel werden drei Kapitalsuchende Parteien des Crowdinvestings genauer vorgestellt. Die Start-Ups stellen als Teil des klassischen Crowdinvestings das Hauptaugenmerk dar. Danach werden die Wachstumsunternehmen und die Projektgesellschaften für die Immobilienfinanzierung erläutert. Anschließend folgt eine Auswahl der relevantesten Crowdinvesting-Plattformen.

3.1 Kapitalsuchende

3.1.1 Start-Ups

Neu gegründete Unternehmen benötigen stets Kapital. Sobald die ursprünglich eingesetzten Eigenmittel des Gründers ausgeschöpft sind und sich im Bekanntenkreis keine neuen Unterstützer mehr finden, muss sich jedes Start-Up auf die Suche nach neuen finanziellen Mitteln begeben. Dieser so genannte Early-Stage-Gap wird ca. 16 % der Start-Ups zum Verhängnis. Die Folge sind Liquiditätsprobleme und nicht selten das vorzeitige Ende des Unternehmens.[54] Dabei wird die Priorität des Kapitalsuchenden vor allem darauf liegen, genügend Mittel zu erhalten um sein Vorhaben weiter umsetzen können, bei gleichzeitig möglichst geringer Abgabe von Unternehmensanteilen. Ein Gründer möchte vermutlich so wenig Mitsprache- und Kontrollrechte wie möglich an Investoren abgeben und den Verwaltungsaufwand minimal halten, um den maximalen Fokus auf die selbstbestimmte Weiterentwicklung des Start-Ups legen zu können. Dies kann jedoch konträr zu den Vorstellungen eines Business Angels oder einer Venture-Capital-Gesellschaft sein. Diese haben zum einem eine renditegetriebene Motivation und machen bei höherem Unternehmensanteilen mehr Gewinn. Des Weiteren wollen diese Kapitalgeber aufgrund ihrer Expertise und rationaleren Einschätzungen höchstwahrscheinlich ein umfassendes Mitspracherecht.[55]

Öffentliche Fördermittel existieren zwar ebenfalls als eine frühe Form der finanziellen Unterstützung, werden allerdings aufgrund der Spezialisierung der Verwendungszwecke nur teilweise genutzt.[56]

---

[54] Vgl. *Brüntje, D., Gajda, O.*, Crowdfunding-Europe, 2016, S. 71.
[55] Vgl. *Beck, R.*, Crowdinvesting, 2017, S. 83 f.
[56] Vgl. *https://www.deutsche-startups.de/2014/07/11/foerdermittel-fuer-startups/*, Zugriff am 04.05.2018.

Nachfolgend werden die positiven Effekte und Merkmale einer Crowdinvest-Finanzierung für ein Start-Up aufgelistet und erläutert:

1. Risiko: Das Risiko beim Crowdinvesting liegt anders als bei einem mit Sicherheiten besicherten Bankkredit vollständig bei den externen Kapitalgebern.[57]
2. Netzwerkeffekt: Ein Netzwerkeffekt entsteht dann, wenn der Gründer Geschäftskontakte von den Kapitalgebern erhält. Dieser Effekt kann vor allem bei der Hilfe von Business Angels auftreten, kommt aber auch im Crowdinvesting vor. Auf bestimmte Branchen spezialisierte Plattformen verfügen regelmäßig über Verbindungen in die jeweilige Geschäftswelt.[58]
3. Marketingeffekt: Durch die Veröffentlichung auf einer Plattform, kann ein Start-Up in kurzer Zeit viel Reichweite gewinnen und einen ersten Test für die Marktfähigkeit seines Produktes oder der Dienstleistung durchführen. Zehntausende Besucher der Webseite erfahren von diesem Start-Up und Investoren fungieren möglicherweise als Multiplikatoren. Abhängig von einem positiven oder negativen Verlauf der Finanzierungsrunde, kann das Start-Up einen ersten Markteindruck gewinnen.[59]
4. Einflussmöglichkeiten Dritter: Während Business Angels und Venture-Capital-Gesellschaften aufgrund ihrer Beteiligungen am Eigenkapital in den meisten Fällen über umfassende Mitsprache- und Kontrollrechte verfügen, ist dies bei Crowd-investings nur in Ausnahmefällen möglich. In aller Regel hat die Crowd keine Möglichkeit, Einfluss auf die Tätigkeiten der Start-Up-Gründer zu nehmen.[60]
5. Bindungsdauer und Exit-Druck: Ein Crowdinvestment ist typischerweise auf eine Laufzeit von 5-8 Jahren ausgerichtet. Nach Ablauf wird die Crowd im Rahmen eines Exits ausgezahlt. Business Angels hingegen drängen schon früher (maximal nach 5 Jahren) auf einen Verkauf ihrer Anteile und das Erreichen diverser Meilensteine während der Beteiligung.[61]

---

[57] Vgl. *Beck, R.*, Crowdinvesting, 2017, S. 88.
[58] Vgl. *ebd.*
[59] Vgl. *ebd.*
[60] Vgl. *Beck, R.*, Crowdinvesting, 2017, S. 89.
[61] Vgl. *Beck, R.*, Crowdinvesting, 2017, S. 90.

Da auf den Crowdinvesting-Plattformen zahlreiche junge Unternehmen um die Aufmerksamkeit von Investoren kämpfen, müssen die Gründer ihre Idee möglichst gut präsentieren. Das Klarstellen der Unique Selling Proposition (USP) ist dabei eine der wichtigsten Aufgaben bei der Vorstellung des Unternehmens (Pitch). Kapitalgeber möchten schnell und einfach das Alleinstellungsmerkmal verstehen, welches dieses neue Unternehmen einzigartig macht und vom restlichen Wettbewerb – sofern dieser bereits existiert – abhebt.[62] Der zweite wichtige Punkt betrifft die so genannte Burggraben-Strategie. Der von Warren Buffet geprägte Begriff, bezeichnet die langfristige Verteidigung des eigenen Marktanteiles durch Burggräben, die ein Unternehmen um sich herum aufbaut. Damit wird verhindert, dass Konkurrenten die Geschäftsidee des Start-Ups aufgreifen, kopieren und damit selbst Profit machen.[63] Typische Burggräben sind z.B. immaterielle Vermögenswerte wie etablierte Markennamen, strukturelle Kostenvorteile oder aufgebaute Netzwerke.[64]

Es existieren noch weitere Faktoren auf die Investoren achten, wie beispielsweise die Zusammensetzung des Teams, die bisherige Vorbereitung und die mögliche Umsetzbarkeit der geplanten Projekte. Letztlich agiert die Crowd auf den jeweiligen Plattformen jedoch weitaus intuitiver als professionelle Business Angels oder VC-Gesellschaften, welche die Start-Ups auf das Genaueste Überprüfen. Umso wichtiger ist es deshalb für die Gründer ihr Unternehmen einfach und prägnant zu präsentieren.[65]

Um den Erfolg eines Crowdinvestings aus Sicht der Gründer zu messen, müssen sie drei Kriterien überprüfen. Das Erreichen des Investitionsziels innerhalb einer bestimmten Zeit ist die Grundvoraussetzung für einen erfolgreichen Pitch auf einer Crowdinvesting-Plattform. Das Funktionieren einer Marketingkampagne, die ein anfängliches Wachstum der Kundenzahl anstößt gilt als zweites Kriterium. Durch erste Erfolgsmitteilungen kurz nach der Investition der Crowd bekommt diese ein positives Grundgefühl bzgl. ihrer Kapitalanlage. Als dritter Punkt sei das beständige Wachstum auf Basis dieses ersten Erfolgs genannt. Selbstverständlich will die

---

[62] Vgl. *Schramm, D. M., Carstens, J.*, Crowdfunding, 2014, S. 85 f.
[63] Vgl. *Rödiger, T.*, Burggraben, 2017, S. 10.
[64] Vgl. *Rödiger, T.*, Burggraben, 2017, S. 75 ff.
[65] Vgl. *Beck, R.*, Crowdinvesting, 2017, S. 94.

Crowd weitere Ergebnisse sehen, die auf ihrem Ursprungsinvestment fußen und den Wert des Start-Ups steigern.[66]

3.1.2 Wachstumsunternehmen

Durch die Erfolge einiger Start-Up Crowdinvestings, haben mittlerweile auch Unternehmen die die Start-Up Phase verlassen haben, das Erfolgspotential dieser Finanzierungsform entdeckt. Wachstumsunternehmen generieren bereits entsprechende Umsätze und Gewinne durch einen bestehenden Kundenstock. Die Geschäftsidee ist dabei erprobt und erfolgreich. Das Unternehmen benötigt nun weiteres Kapital zur Internationalisierung oder zur Erzielung von noch mehr Wachstum.[67] Grund für die Entscheidung zugunsten eines Crowdinvestings sind oftmals die hohen Kosten eines Initial Public Offerings beim Gang an die Börse bzw. einer Anleiheemission oder die hohen Zins- bzw. Sicherheitsanforderungen der Banken bei der Kreditvergabe.[68]

Das Unternehmen wird bei Erfüllen der Voraussetzungen der jeweiligen Plattform nach seiner Ausfallwahrscheinlichkeit geratet und bekommt dementsprechend einen Zinssatz angeboten. Dazu kommt ein eventueller Bonuszins am Laufzeitende bei Erreichen bestimmter Unternehmensziele. Die Laufzeit des nachrangig abgesicherten Crowdinvestings beträgt dabei durchschnittlich 3-5 Jahre.[69]

3.1.3 Projektgesellschaften

Projektgesellschaften werden zur Durchführung eines Projektes gegründet. Das Projekt ist gekennzeichnet durch seine Einmaligkeit, fixierte Anfangs- und Endzeitpunkte, eine speziell formulierte Zielvorgabe sowie Kontingente bzgl. finanziellen, personellen und materiellen Mitteln.[70] Im Crowdinvesting findet dies vor allem bei Immobilien statt. Projektgesellschaften dienen dabei dem Bau, der Renovierung oder der Aufvermietung von Gebäuden, mit dem Ziel, diese gewinnbringend weiter zu verkaufen.

---

[66] Vgl. *Beck, R.*, Crowdinvesting, 2017, S. 93.
[67] Vgl. *Sixt, E.*, Schwarmökonomie, 2014, S. 134.
[68] Vgl. *Sixt, E.*, Schwarmökonomie, 2014, S. 246.
[69] Vgl. *https://www.kapilendo.de/anleger/rating*, Zugriff am 27.05.2018.
[70] Vgl. *Jürgens, W. H.*, Projektfinanzierung, 1994, S. 3.

Die Crowd finanziert mit ihrem Investment das Vorhaben durch ein Nachrangdarlehen mit einer Laufzeit von 12-36 Monaten. Der Zins beträgt dabei abhängig vom Rating der Gesellschaft bis zu 6 % p.a. und wird in der Regel jährlich oder endfällig bezahlt.[71]

3.2 Plattformen

Nachfolgend werden vier der größten und relevantesten Crowdinvesting-Plattformen in Deutschland vorgestellt. Companisto und Seedmatch finanzieren primär Start-Ups, Kapilendo konzentriert sich hingegen auf Wachstumsunternehmen. Exporo finanziert diverse Projektgesellschaften bei Immobilienprojekten.

3.2.1 Companisto

Companisto beschreibt sich selbst als eine der führenden Crowdinvesting-Plattformen in Europa.[72] Ausgehend vom Crowdinvesting Marktreport 2017 hatte Companisto letztes Jahr einen Marktanteil von 30,6 % bei einem Volumen von ca. 10,4 Millionen Euro, verteilt auf 16 Projekte in Deutschland.[73]

Die Plattform gibt an, nur die aussichtsreichsten Kandidaten auf Ihrem Portal für ein Funding freizuschalten. Von allen Bewerbungen sortiert Companisto 75 % sofort aus und fordert bei dem restlichen Viertel weitere Unterlagen an. Anschließend folgen ein persönliches Treffen sowie die Vertragsverhandlungen. Am Ende des Prozesses wird nur jedes 100. Start-Up auf der Webseite Companisto.de präsentiert.[74]

Die Plattform sieht bisher als einzige eine zwischengeschaltete Beteiligungsgesellschaft vor. Diese sammelt das Geld der Mikroinvestoren ein und übergibt es als Ganzes an das Start-Up. Damit werden eventuelle Probleme bei der Nachfinanzierung z.B. durch eine VC-Gesellschaft gelöst.[75] Die Mindestinvestitionssumme beträgt dabei 100 Euro.

Der Aufbau eines Crowdinvestings auf Companisto.de soll anhand des aktuellen Fundings von itravel dargestellt werden. Das Start-Up hat als digitaler Reise-

---

[71] Vgl. *https://exporo.de/so-funktionierts,* Zugriff am 28.05.2018.
[72] Vgl. *https://www.companisto.com/de/about,* Zugriff am 05.05.2018.
[73] Vgl. *Harms, M.,* Marktreport, 2018, S. 11.
[74] Vgl. *Beck, R.,* Crowdinvesting, 2017, S. 24 f.
[75] Vgl. *Sixt, E.,* Schwarmökonomie, 2014, S. 133 f.

veranstalter die Vision, individuelle Reisen durch Künstliche Intelligenz und Blockchain-Technologie möglich zu machen. Präsentiert wird dies in einem fünfminütigen Kurzfilm auf Youtube. Der Geschäftsführer, namhafte Investoren wie Frank Thelen und der Chief Platform Officer erläutern dabei das Geschäftsmodell, das Alleinstellungsmerkmal, Pläne für die Zukunft und relevante Kennzahlen zum Unternehmen und dem Gesamtmarkt. Anschließend werden die im Video angesprochenen Punkte noch einmal genauer dargestellt, mitunter durch eine SWOT-Analyse und dem Aufzeigen der genauen Mittelverwendung.

Gleichzeitig gibt Companisto die wichtigsten Kennzahlen zum Crowdinvestment an. Als erster Punkt wird die bereits investierte Summe, die Anzahl der investierten Mitglieder und die angebotene Beteiligung aufgezeigt. Im nächsten Punkt folgt die Unternehmensbewertung. Es handelt sich dabei aber eher um eine Marktchancenbewertung, da diese nur auf den künftigen Erwartungen der Wirtschaftlichkeit des Start-Ups basiert. Danach folgen die Investmentschwelle, also die erforderliche Mindestinvestitionssumme und das Finanzierungsziel. Sollte dieses erreicht werden, kann das Start-Up im Rahmen einer Überzeichnung jedoch noch bis zu insgesamt 2,5 Millionen Euro weitere Anteile herausgeben. Nach einer beispielhaften Beteiligungsquote und einer von Creditreform errechneten Ausfallwahrscheinlichkeit, bietet Companisto verschiedene Dokumente (Beteiligungsvertrag, Informationsblätter, Jahresabschluss, usw.) zum Download an. Im letzten Punkt werden die Prämien aufgelistet, die die Mikroinvestoren ab einer bestimmten Summe erhalten.[76]

Außerdem wurde die Funktion des „Crowd-Votings" eingeführt. Dabei werden dem Start-Up nach Abschluss des Fundings nur 2/3 der eingesammelten Summe ausbezahlt. Das letzte Drittel wird für sechs Monate auf einem insolvenzsicheren Treuhandkonto hinterlegt. Nach Ablauf dieser Frist stimmt die Crowd – gewichtet nach ihren Investmentanteilen – über diese Auszahlung ab. So erhalten die Investoren einen Sicherheitsmechanismus, der Teile ihres Kapitals bei einem schnellen Scheitern des Start-Ups schützt.[77]

Companisto bietet inzwischen neben dem klassischen Crowdinvesting in Start-Ups auch „Venture Loans" an, also die Kreditvergabe an Wachstumsunternehmen mit fester Verzinsung.

---

[76] Vgl. *https://www.companisto.com/de/investment/itravel*, Zugriff am 28.05.2018.
[77] Vgl. *https://www.companisto.com/de/faq*, Zugriff am 28.05.2018.

3.2.2 Seedmatch

Seedmatch gilt als die erste deutsche Crowdinvesting-Plattform in Deutschland. Die 2011 gegründete Webseite ist mit einem Volumen von knapp 4,2 Millionen Euro bzw. einem Marktanteil von 12,3 % im Jahr 2017 der dritterfolgreichste Vermittler in diesem Segment.[78] Laut eigenen Angaben wurden bisher 36,9 Millionen Euro Kapital bei knapp 57.000 registrierten Mitgliedern in 110 Projekte investiert.[79] Der Aufbau der Plattform ist vergleichbar mit Companisto, weshalb auf eine genauere Beschreibung verzichtet wird. Unterschiede finden sich lediglich in der Höhe der Mindestsumme pro Investment (hier: 250 Euro), der fehlenden Option des Crowd-Votings und den anderen Start-Up-Beteiligungen, die als Crowdinvestment zur Verfügung stehen.

3.2.3 Kapilendo

Kapilendo.de fokussiert sich hingegen auf Wachstumsfinanzierungen von kleinen und mittelständischen Unternehmen. Die 2015 gegründete Plattform hat seitdem über 24 Millionen Euro an Kapital eingesammelt und damit 104 Unternehmen einen Kredit gewährt.[80] Dabei differenziert die Plattform zwischen dem bereits beschriebenen LendingBased Crowdfunding und Crowdinvesting. Die primären Unterschiede im Crowdinvesting sind hier die fehlende Bürgschaftserklärung der Unternehmer und die Gewährung eines Bonuszinses von bis zu 25 % bei Erreichen bestimmter Unternehmensziele. Die Laufzeit liegt in der Regel zwischen 3-5 Jahren.[81]

Ein Ratingteam von Kapilendo prüft die Bewerbungen aller Unternehmen und entwickelt in Abhängigkeit von der Ausfallwahrscheinlichkeit einen Zinssatz sowie den Tilgungsplan. Dabei müssen die Firmen seit mindestens drei Jahren am Markt existieren, einen Jahresumsatz von über einer Million Euro erwirtschaften und ein positives Geschäftsergebnis vorweisen. Start-Ups scheiden somit an diesen Voraussetzungen aus.[82] Der restliche Prozess verläuft äquivalent zu den bisher vorgestellten Plattformen. Die vereinbarten Zinsen werden jährlich bezahlt und der

---

[78] Vgl. *Harms, M.*, Marktreport, 2018, S. 11.
[79] Vgl. *https://www.seedmatch.de/fuer-investoren*, Zugriff am 28.05.2018.
[80] Vgl. *https://www.kapilendo.de/crowdfinanzierung-zahlen-und-statistiken*, Zugriff am 28.05.2018.
[81] Vgl. *https://www.kapilendo.de/anleger*, Zugriff am 28.05.2018.
[82] Vgl. *https://www.kapilendo.de/anleger/rating*, Zugriff am 28.05.2018.

investierte Betrag am Laufzeitende an den Mikroinvestor zurück überwiesen. Sollte in dieser Zeitspanne eine vom Bonuszins abhängige Kennzahl (z.B. Umsatz über 2,75 Millionen Euro) erreicht werden, erhalten die Investoren zusätzlich einen Erfolgszins.[83]

3.2.4 Exporo

Exporo ist deutscher Marktführer im Bereich Immobilien-Crowdinvesting. Die 2014 gegründete Plattform vermittelte im Jahr 2017 über 83 Millionen Euro Kapital und nimmt damit 64,3 % des Marktes ein.[84] Ziel der Plattform ist es, die Lücke zwischen Eigen- und Fremdkapital bei Projektentwicklern mit dem Geld der Mikroinvestoren zu schließen. Das Mindestinvestment von 500 Euro wird dabei einer Projektgesellschaft für 12-36 Monate überlassen. Den Zins von bis zu 6 % p.a. legt hier der Schuldner selbst fest. Die Crowd entscheidet dann abhängig vom Rating der Gesellschaft, des Projektes und der zur Verfügung stehenden Sicherheiten, ob sie investieren will.[85]

Definitionsgemäß ist Exporo damit eine Lending-Based Crowdfunding-Plattform. Da sie sich jedoch selbst als Crowdinvesting bezeichnen und wie in Punkt 2.4.1 erwähnt, der Begriff auch davon abhängig ist wie er in der Praxis und beim Anleger verwendet wird, wird Exporo der Vollständigkeit halber ebenfalls genannt.

---

[83] Vgl. *https://www.kapilendo.de/projekte/7f0ae49b-be00-4a91-ad56-a5a7f87568da*, Zugriff am 28.05.2018.
[84] Vgl. *Harms, M.*, Marktreport, 2018, S. 11.
[85] Vgl. *https://exporo.de/so-funktionierts*, Zugriff am 28.05.2018.

4 Prozess des Crowdinvestings

Im vierten Kapitel wird der Prozess des Crowdinvestings genauer betrachtet. Angefangen mit der Auswahl des Start-Ups durch die Plattformen folgen die Vorbereitung und die Unternehmensbewertung. Anschließend werden die Finanzierungsrunde und die darauffolgende Mittelverwendung beschrieben. Der Exit beendet abschließend das Kapitel.

4.1 Auswahl des Start-Ups

Wie in Kapitel 3.1.1 bereits erwähnt, benötigen Start-Ups insbesondere in der Early-Stage-Phase viel frisches Kapital um ihre Vorhaben umsetzen und weiter wachsen zu können. Diejenigen Gründer die sich für eine Finanzierung durch die Crowd entscheiden, wählen dann eine für sie geeignete Crowdinvesting-Plattform aus und reichen dort ihre Bewerbung ein. Die Betreiber der Plattform sichten alle Bewerbungen, allerdings unter der Maßgabe einiger Zielsetzungen.[86]

Zum einen ist die Haupteinnahmequelle der Crowdinvesting-Plattformen der Erhalt von Provisionen und Gewinnbeteiligungen aus zustande gekommenen Finanzierungen. Somit haben die Betreiber ein Interesse an möglichst vielen Projekten auf ihrer Webseite. Gleichzeitig möchten sie jedoch die rechtlichen Risiken und den Verwaltungsaufwand so gering wie möglich halten. Dazu kommt der mögliche Imageverlust bei zu vielen gescheiterten Finanzierungen oder insolvent gegangenen Start-Ups.[87]

Die Plattformen versuchen dementsprechend nur die aussichtsreichsten Unternehmen auf Ihrer Webseite vorzustellen. Auf den exakten Auswahlprozess geht jedoch keine der großen Plattformen genauer ein. Aus vermutlich rechtlichen Gründen, werden lediglich Voraussetzungen genannt, die ein Start-Up im besten Falle mitbringen sollte. So gibt Seedmatch beispielsweise an, dass die Unternehmen idealerweise über eine Skalierbarkeit verfügen und wirtschaftlich nachhaltig arbeiten sollen. Des Weiteren müssen sie über einen USP verfügen und im Rahmen eines „Proof-of-Concept" nachweisen können, dass die Idee funktioniert (z.B. in Form

---

[86] Vgl. *Beck, R.*, Crowdinvesting, 2017, S. 144 f.
[87] Vgl. *Beck, R.*, Crowdinvesting, 2017, S. 145.

eines Prototyps). Außerdem hat - aus Sicht von Seedmatch - das Gründerteam aus kompetenten und erfahrenen Mitarbeitern zu bestehen.[88]

4.2 Vorbereitung

Sobald die erste Bewerbung des Start-Ups von der Crowdinvesting-Plattform als aussichtsreich eingestuft wird, werden weitere Unterlagen (ausführlicher Businessplan, Finanzzahlen, usw.) nachgefordert. Im Rahmen der Vertragsverhandlungen werden anschließend die Bedingungen des Crowdinvestments fixiert. Neben der Fundingschwelle, Finanzierungsziel und dem Fundinglimit wird auch der Unternehmenswert festgelegt – auf den im nachfolgenden Kapitel noch genauer eingegangen wird. Außerdem muss das Start-Up für die potentiellen Investoren ein Video drehen, in dem es die Geschäftsidee audiovisuell übermittelt und die Crowd von der Sinnhaftigkeit eines Investments überzeugen soll.[89]

4.3 Unternehmensbewertung

Sind die Kriterien der Vorauswahl erfüllt und die Plattformbetreiber an einer Finanzierung auf ihrer Webseite interessiert, findet im Rahmen der Vorbereitung die Bewertung des Start-Ups statt. In Abhängigkeit von der Höhe der Unternehmensbewertung erhält die Crowd mehr oder weniger Anteile am Unternehmen für die gleiche investierte Summe. Demzufolge erhoffen sich die Gründer eine hohe Bewertung um möglichst wenige Unternehmensanteile für ihre gewünschte Summe verkaufen zu müssen. Gleichzeitig versuchen die Plattformen diese gering bzw. realistisch zu halten, um für die Mikroinvestoren attraktivere Investitionskonditionen anbieten zu können.[90]

Zur Bewertung von Unternehmen gibt es unterschiedliche Methoden, die in Abhängigkeit des Bewertungsanlasses und des zu bewertenden Unternehmens verwendet werden. Bei den so genannten Einzelbewertungsverfahren wird ein Unternehmenswert aus der Summe einzelner Unternehmensanteile bzw. isoliert betrachteter Assets ermittelt. Mischverfahren stützen sich auf Ertrags- und Substanzwerte. Die Gesamtbewertungsverfahren werden noch einmal unterschieden in diejenigen,

---

[88] Vgl. *https://www.seedmatch.de/fuer-gruender#ist-mein-unternehmen-geeignet*, Zugriff am 21.05.2018.
[89] Vgl. *Beck, R.*, Crowdinvesting, 2017, S. 99.
[90] Vgl. *Beck, R.*, Crowdinvesting, 2017, S. 261.

die eine Bewertung durch die Diskontierung zukünftiger Überschüsse ermitteln und jene die eine Bewertung anhand von Multiplikatoren durch Vergleichsunternehmen vornehmen.[91] Studien und Befragungen zur Unternehmensbewertung haben gezeigt, dass das „Free-Cash-Flow"-Verfahren als Teil der Discounted Cash-Flow (DCF) Methode sowie das Gewinn-Multiplikatorverfahren die am häufigsten benutzten Varianten darstellen.[92]

Diese Standardverfahren können bei Unternehmen in der Reifephase gut angewandt werden, da dort bereits Assets vorhanden sind, Cash-Flows und Überschüsse generiert werden und oftmals mehrere Vergleichsunternehmen am Markt bestehen. Bei Start-Ups stoßen die etablierten Modelle jedoch an ihre Grenzen. Junge Unternehmen besitzen meist keine werthaltigen Assets, schreiben in den ersten Jahren Verluste und können aufgrund ihrer meist innovativen Ideen mit keinem etablierten Unternehmen verglichen werden.[93]

Um trotzdem eine adäquate Unternehmensbewertung für Start-Ups vornehmen zu können, entwickelten VC-Gesellschaften die Venture Capital Methode. Das Verfahren kombiniert die Discounted Cash-Flow Methode und das Multiplikatorverfahren. Dabei wird der Exit-Wert durch Multiplikatoren bestimmt und auf den heutigen Zeitpunkt mit der Renditeanforderung des Kapitalgebers diskontiert. Anschließend folgt eine Plausibilisierung durch die Bestimmung des Exit-Werts auf DCF-Basis. Das VC-Verfahren ist mittlerweile die am häufigsten angewandte Methode zur Bewertung junger Unternehmen.[94]

Die deutschen Marktführer der Crowdinvesting-Plattformen Companisto und Seedmatch geben eine „Pre-Money-Bewertung" an. Der Wert des Unternehmens wird also ohne Rücksicht auf das noch hinzukommende Crowdinvesting-Kapital festgelegt. Seedmatch beschreibt dabei die Bewertung ihrer Start-Ups mit dem Hinweis, dass diese von dem Start-Up selbst in eigenem Ermessen erstellt worden ist.[95] Companisto hingegen verhandelt diejenige minimale Unternehmensbewertung mit dem Start-Up, zu dem dieses ein Crowdinvesting noch akzeptieren würde.

---

[91] Vgl. *Drukarczyk, J., Schüler, A.*, Unternehmensbewertung, 2015, S. 10.
[92] Vgl. *Matschke, M. J., Brösel, G.*, Unternehmensbewertung, 2013, S. 298 ff.
[93] Vgl. *Maehrle, H. et al*, Bewertung, 2005, S. 834.
[94] Vgl. *Maehrle, H. et al*, Bewertung, 2005, S. 834.
[95] Vgl. *https://www.seedmatch.de/faq*, Zugriff am 22.05.2018.

Des Weiteren beschreibt Companisto ihre Bewertung als „Marktchancenbewertung mit hohen Ermessensspielräumen".[96]

Die Vornahme der Bewertung findet auf Companisto überwiegend auf Basis der Multiplikator-Methode statt (sofern annähernd vergleichbare Unternehmen vorhanden sind). Dafür werden u.a. Transaktionsmultiplikatoren verwendet, die anhand von Unternehmensverkäufen aus der gleichen Branche in der Vergangenheit auf die Umsatz oder EBITDA-Multiples schließen lassen. Die Multiplikatoren werden anschließend mit den geplanten Umsatz oder EBITDA-Zahlen zu einem fiktiven Exit-Jahr multipliziert. Dieser Wert wird dann mit dem von Companisto angenommenen branchenabhängigen Wachstumswert (hier: 20 % p.a.) auf den heutigen Zeitpunkt diskontiert.[97]

Sofern keine Vergleichsunternehmen existieren, wird die Bewertung mithilfe weicher Faktoren vorgenommen. Companisto listet dabei Marktvolumen, Wachstumsannahmen und Alleinstellungsmerkmale auf, verzichtet aber auf die genaue Herleitung der konkreten Bewertungshöhe.[98]

4.4 Finanzierungsrunde

Nach erfolgreichem Abschluss der Vertragsverhandlungen, schaltet die Crowdinvesting-Plattform das Start-Up auf ihrer Webseite frei. Abhängig von der Plattform, wird das neue Unternehmen zuerst als „Teaser" vorgestellt oder sofort zum Funding freigeschaltet. Crowdinvestoren haben nun solange die Möglichkeit zu investieren, bis die Finanzierung beendet wird. Dies passiert entweder bei Ablauf der Zeit (in der Regel 60 Tage) oder bei Erreichen des Fundinglimits. Sollte bei einem Zeitablauf die Fundingschwelle – also das Minimalziel an Kapital – nicht erreicht werden, ist die Finanzierung gescheitert und die Investoren erhalten ihr Geld zurück. In allen anderen Fällen gilt das Crowdinvestment als geglückt und das Start-Up erhält abzüglich der Provision für die Plattform das Kapital der Mikroinvestoren als partiarisches Nachrangdarlehen.[99]

---

[96] Vgl. https://www.companisto.com/de/faq, Zugriff am 22.05.2018.
[97] Vgl. *https://www.companisto.com/de/investment/itravel/financial-data*, Zugriff am 22.05.2018.
[98] Vgl. *https://www.companisto.com/de/investment/idana/financial-data*, Zugriff am 22.05.2018.
[99] Vgl. *https://www.seedmatch.de/faq*, Zugriff am 23.05.2018.

4.5 Mittelverwendung

Nach einer gelungenen Finanzierung und der Übertragung des Kapitals an das Start-Up, muss dieses die Mittel äquivalent zu den im Crowdinvestment genannten Verwendungszwecken einsetzen. Üblicherweise besitzen bei einem Unternehmen in der Early-Stage-Phase Investitionen in die Weiterentwicklung des Produktes, die Ausweitung der Vertriebsschienen oder diverse Marketingmaßnahmen die höchste Priorität.[100] Im Idealfall reicht das Kapital aus, um das Start-Up in die Wachstumsphase zu befördern. Ab Erreichen des Break-Even-Punktes kann das junge Unternehmen dann weiteren Kapitalbedarf durch die eigenen Gewinne decken. Sollte dies hingegen ohne die Zugabe von weiterem Kapital nicht möglich sein, muss das Start-Up den Bedarf durch Co-Investoren, VC-Gesellschaften oder mithilfe weiterer Finanzierungsrunden auf Crowdinvestingplattformen decken.

4.6 Exit

Der Exit bedeutet das Ende der Beteiligung und den Ausstieg der Crowdinvestoren und in manchen Fällen auch der Gründer aus dem Unternehmen. Der Börsengang oder der Verkauf an ein anderes Unternehmen (Trade-Sale) bzw. eine VC-Gesellschaft (Secondary-Sale) kann dabei auch während der Laufzeit der Beteiligung erfolgen, während der Rückkauf der Anteile durch das Unternehmen selbst (Buy-Back) in der Regel erst am Ende der Beteiligungslaufzeit erfolgt.[101]

Dabei erhält der Crowdinvestor bei einem Börsengang die Anzahl an Aktien, die seiner Beteiligungsquote entsprechen. Äquivalent verhält es sich bei einem Verkauf des Start-Ups an ein anderes Unternehmen, bei dem der Investor einen prozentualen Anteil in Höhe seiner Beteiligungsquote am Verkaufspreis erhält (abzüglich evtl. vertragsbedingter Kosten wie z.B. Gewinnbeteiligungen der Crowdinvesting-Plattform).[102]

Endet hingegen die Mindestlaufzeit der Beteiligung und die Crowdinvestoren entschließen sich ihren Anteil auszahlen zu lassen, muss das Unternehmen neu bewertet werden. Der Investor hat dabei die Wahl, ob das Start-Up nach dem IDW S1 Standard vom Institut der Wirtschaftsprüfer oder mittels der Multiplikator-

---

[100] Vgl. *Fischer, B.*, Start-Up, 2004, S. 20.
[101] Vgl. *Dobrev, S.*, Finanzierungsform, 2015, S. 23.
[102] Vgl. *Beck, R.*, Crowdinvesting, 2017, S. 125 f.

methode bewertet werden soll. Die Multiplikatoren beziehen sich in der Regel auf das EBIT und den Umsatz, wobei immer der höhere Unternehmenswert maßgeblich ist. Die Multiples werden je nach Plattform individuell geregelt oder wie bei Companisto allgemein gültig auf das 6,5-fache vom EBIT bzw. 1-fache vom Umsatz festgelegt.[103]

---

[103] Vgl. *https://www.companisto.com/de/faq*, Zugriff am 22.05.2018.

5 Rechtliche und Steuerliche Aspekte

Nachfolgend werden rechtliche Aspekte, insbesondere das Kleinanlegerschutzgesetz von 2015 und die Besteuerung von Gewinnen im Crowdinvesting genauer dargestellt.

5.1 Kleinanlegerschutzgesetz

Ausgelöst durch die Pleite des Energiekonzerns „PROKON" mit ca. 75.000 betroffenen Kleinanlegern, sah sich der Gesetzgeber gezwungen die Anleger im „Grauen Kapitalmarkt" besser zu schützen. Das Kleinanlegerschutzgesetz (KASG) vom 3. Juli 2015 bezieht sich auf Vermögensanlagen, die Anteile am Ergebnis einer Unternehmensbeteiligung gewähren, partiarische Darlehen, Nachrangdarlehen, partiarische Nachrangdarlehen, Genussrechte, stille Beteiligungen und diverse weitere Anlageformen. Diese werden durch Mindestlaufzeiten, Kündigungsmöglichkeiten, Prospektplichten, Prospekthaftungen und Rechnungslegungen dementsprechend reguliert.[104]

---

[104] Vgl. *Hainz, C. et al*, Kleinanlegerschutzgesetz, 2017, S. 27.

Rechtliche und Steuerliche Aspekte

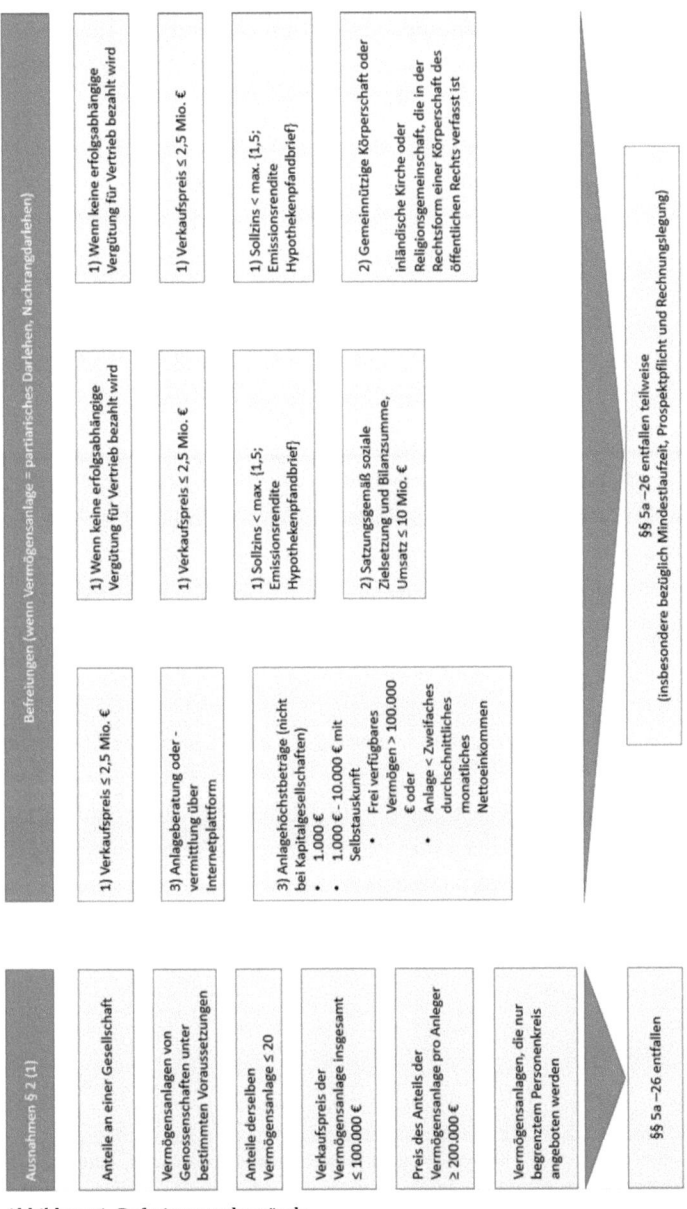

Abbildung 1: Befreiungstatbestände
Quelle: in Anlehnung an *Hainz, C.* et al, Kleinanlegerschutzgesetz, 2017, S. 28

Durch Verhandlungen mit Vertretern der Start-Up-Förderung und der Crowdinvesting-Community konnten jedoch einige Ausnahmen und Befreiungstatbestände erwirkt werden.

Insbesondere die dargestellten Befreiungen bei den Schwarmfinanzierungen sorgten für einen Wandel im Deutschen Crowdinvesting. Bedingt durch die Konkretisierung der Befreiung auf partiarische Darlehen und Nachrangdarlehen, fand eine Verschiebung von den anfänglich genutzten stillen Beteiligungen zu den oben genannten Ausnahmen statt.[105] Ebenso mussten sich die Plattformen auf die neuen Höchstgrenzen hinsichtlich Verkaufspreis und Investitionssummen umstellen sowie Warnhinweise zum möglichen Totalverlust auf ihrer Webseite einbinden.

5.2 Steuerliche Behandlung

Die Art der Besteuerung von Gewinnen durch das Crowdinvesting ist abhängig von der Form der Beteiligung. Bei der atypischen stillen Beteiligung, welche vor allem zu Beginn am häufigsten genutzt wurde, gilt der Mikroinvestor als Mitunternehmer. Gewinne müssen hier als Einkünfte aus dem Gewerbebetrieb beim Finanzamt gemeldet werden. Maßgeblich für die Höhe der zu entrichtenden Steuer ist dann der individuelle Einkommenssteuertarif. Dieser kann zwischen 14 und 45 % liegen.[106]

Bei dem inzwischen weitestgehend verbreiteten partiarischen Nachrangdarlehen liegen hingegen Einkünfte aus dem Kapitalvermögen vor. Gewinne unterliegen hier grundsätzlich einer 25-prozentigen Abgeltungssteuer. Darüber hinaus wird auf die Steuer noch der Solidaritätszuschlag von 5,5 % und evtl. eine Kirchensteuer erhoben. Sollte der durchschnittliche Steuersatz des Investors jedoch unter 25 % liegen, darf er diesen ansetzen.[107] Ebenso können Investoren Verluste z.B. in Form einer Verlustbescheinigung im Falle einer Insolvenz des investierten Unternehmens steuerlich absetzen.[108]

---

[105] Vgl. *Hainz, C. et al*, Kleinanlegerschutzgesetz, 2017, S. 31.
[106] Vgl. *Beck, R.*, Crowdinvesting, 2017, S. 198.
[107] Vgl. *Lindmayer, P., Dietz, H.-U.*, Geldanlage, 2017, S. 79 ff.
[108] Vgl. *Beck, R.*, Crowdinvesting, 2017, S. 202.

6 Analyse aus Sicht der Kapitalgeber

Im sechsten Kapitel dieser Arbeit werden die Kapitalgeber eines Crowdinvestments dargestellt sowie ihre jeweiligen Motive und Renditeanforderungen erläutert. Anschließend wird überprüft, ob Aspekte der Behavioral Finance auf die Crowdinvestinganleger zutreffen. Am Ende des Kapitels wird ein Handlungskatalog für Anleger erarbeitet.

6.1 Darstellung der Kapitalgeber

Der durchschnittliche Crowdinvestor entspricht nicht dem Querschnitt der Bevölkerung. Er ist zumeist online-affin und bereit Transaktionen über das Internet abzuwickeln. Dabei will er sein Geld möglichst profitabel anlegen und geht bewusst die hohen Risiken ein, die ein Investment in ein Start-Up mit sich bringt. Er ist auch der Ansicht, durch seine Erfahrung oder Expertise die richtigen Unternehmen auswählen zu können.[109]

Eine Studie im Jahr 2013 zum Crowdinvesting ist zu dem Ergebnis gekommen, dass der typische Mikroinvestor männlich, 39 Jahre alt ist und in einer Finanz- oder Innovationsnahen Branche arbeitet.[110] Dies deckt sich mit dem Jahresrückblick 2014 von der Plattform Seedmatch, die ihren durchschnittlichen Nutzer als 38 Jahre alten Mann aus Berlin beschreibt.[111] Neuere Erhebungen wurden seitdem zwar nicht mehr veröffentlicht, es scheint jedoch einen Trend hin zu noch jüngeren und vermehrt auch weiblichen Crowdinvestoren zu geben.

6.2 Motive

In aller Regel sind die Ziele der Kapitalgeber beim Crowdinvesting monetär geprägt. Sie möchten möglichst hohe Rückflüsse, verglichen mit dem investierten Kapital erhalten. Dabei kann es sich während der Beteiligungslaufzeit um eine erfolgsunabhängige Mindestverzinsung handeln oder um einen prozentualen Anteil am laufenden Ergebnis des Unternehmens. Am Ende der Laufzeit oder bei einem Verkauf des Unternehmens, hoffen die Investoren auf einen möglichst hohen Kaufpreis

---

[109] Vgl. *Beck, R.*, Crowdinvesting, 2017, S. 110 f.
[110] Vgl. *Klöhn, L., Hornuf, L.*, Crowdinvesting-Studie, 2013, S. 34.
[111] Vgl. *https://www.seedmatch.de/system/files/campaign/seedmatch_in_zahlen_q4_2014.pdf*, Zugriff am 07.05.2018.

bzw. eine möglichst hohe Unternehmensbewertung, da sie abhängig von ihrer Beteiligungshöhe einen Anteil davon ausgezahlt bekommen.[112] Alternativ kann es sich auch um Bekannte der Gründer handeln, die sich im Rahmen der anfänglichen „Family and Friends" Finanzierungen noch nicht beteiligt haben. Diese Gruppe will ihren Bekannten hauptsächlich unterstützen, mit dem Nebenziel eine Rendite zu erhalten.[113]

6.3 Renditeanforderung

Im Jahr 1991 beschrieb der Ökonom Harry M. Markowitz in „Foundations of Portfolio Theory", dass eine höhere Rendite immer an ein höheres Risiko gekoppelt ist. Grundlage zur Senkung dieses Risikos ist nach der von ihm erarbeiteten Portfoliotheorie, eine Diversifizierung des Gesamtportfolios. Es wird zwar immer eine gewisse Korrelation zwischen Unternehmen vorhanden sein, sobald diese jedoch weniger als 100 % beträgt, ist bereits ein Diversifikations- und damit risikosenkender Effekt vorhanden.[114]

Diese Grundlage, die die Basisstrategie der meisten institutionellen Kapitalanleger darstellt und auch den Erfolg der Exchange Traded Funds begründet[115], sollte Crowdinvestoren bewusst sein. Ein einzelnes Crowdinvestment kann zwar sehr rentabel sein und in einem Vielfachen des investierten Kapitals enden, es könnte jedoch ebenso zu einem Totalverlust für den Anleger kommen. Auch hier gilt: Je konzentrierter das Kapital auf die Start-Ups verteilt ist, desto höher ist die mögliche Rendite aber auch das Risiko sämtliches Geld zu verlieren.

Zur Erwartung der Rendite eines Crowdinvestments wurden bisher nur wenige Studien durchgeführt. Es liegt jedoch nahe, dass die Investoren auf eine Vervielfachung ihres Kapitals hoffen. Dabei schwebt vielen der Gedanke eines Unicorn Start-Ups vor. Also ein Unternehmen, welches innerhalb kürzester Zeit eine Milliarde US-Dollar wert ist und als das nächste Uber, Whatsapp oder Instagram gehandelt wird.[116] Dies war allerdings zumindest in Deutschland bisher noch nicht der Fall.

---

[112] Vgl. *Freiling, J., Freiling, I.*, Motive, 2017, S. 182 ff.
[113] Vgl. *Beck, R.*, Crowdinvesting, 2017, S. 111.
[114] Vgl. *Markowitz, H.*, Portfolio, 2008, S. 4 ff.
[115] Vgl. *https://de.statista.com/statistik/daten/studie/219372/umfrage/weltweit-in-etfs-verwaltetes-vermoegen-seit-1997/*, Zugriff am 10.06.2018.
[116] Vgl. *Fan, J. S.*, Unicorns, 2016, S. 583.

Eine Befragung von 226 Investoren auf Seedmatch.de kam zu dem Ergebnis, dass die durchschnittlich erwartete Rendite bei 36 % p.a. liegt. Während 70 % der Anleger nicht mehr als 20 % Gewinn pro Jahr erwarten, erhoffen sich 30 % der Crowd bis zu 1.000 % Rendite p.a.[117] Bei Betrachtung der deutschen Marktführer Companisto und Seedmatch, gibt Companisto drei bisher erfolgreiche Exits mit einer Auszahlungssumme von insgesamt 3,55 Millionen Euro an. Die gesamte Rendite wird jedoch nur bei einem der drei Unternehmen mit 45 % hervorgehoben.[118] Aufgrund der Investition in das Start-Up „Foodist", kennt der Autor hier ebenfalls die Rendite in Höhe von 18,86 % nach knapp einem Jahr durch den Verkauf an die Ströer AG.[119]

Seedmatch gibt im Jahresrückblick 2015 die Rendite von 48,5 % nach einem Buy-Out Angebot des Start-Ups „Refined Investment" als bis dato höchste Crowdfunding-Rendite in Deutschland an.[120] Übertroffen wurde diese im drauffolgenden Jahr durch das Start-Up „erdbär", welches im Rahmen eines Rückkaufangebotes den Investoren eine Rendite von über 300 % einbrachte. Denjenigen Crowdinvestoren, die dieses Angebot nicht annehmen wollten, wurde ein Jahr später ein neues Rückkaufangebot mit einer Rendite von über 400 % gemacht.[121] Die Renditen beziehen sich dabei alle lediglich auf das Verhältnis des ursprünglich eingesetzten Kapitals zum ausgezahlten Betrag. Eine annualisierte Rendite in Abhängigkeit von der Gesamtlaufzeit des Investments wird dabei von keiner der Plattformen angegeben.

Diese Zahlen stellen dementsprechend die besten offiziell bekannt gegebenen Ergebnisse der bisherigen Crowdinvesting-Projekte dar. Ein Investor muss sich also bewusst sein, dass seine Investition in den meisten Fällen mit einer weitaus geringeren Rendite enden wird. Insbesondere dann, wenn er verhaltensbedingte Fehlentscheidungen trifft.

---

[117] Vgl. *Hölzner, H. et al*, Zukunftsperspektiven, 2014, S. 7.
[118] Vgl. *https://www.companisto.com/de*, Zugriff am 07.05.2018.
[119] Vgl. *https://www.companisto.com/de/members-dashboard*, Zugriff am 07.05.2018.
[120] Vgl. *https://www.seedmatch.de/system/files/campaign/seedmatch-in-zahlen-q4-2015.pdf*, Zugriff am 07.05.2018.
[121] Vgl. *https://www.seedmatch.de/system/files/campaign/seedmatch-in-zahlen-q2-2016.pdf*, Zugriff am 07.05.2018.

6.4 Behavioral Finance im Bezug auf Crowdinvesting

Zur Erklärung der Vorgänge auf den Finanzmärkten wurden bereits zahlreiche Theorien und Modelle von namhaften Ökonomen veröffentlicht. Muth stellte 1961 die Theorie der rationalen Erwartungen aller Marktteilnehmer auf und dass diese ihre Erwartungen so umsetzen, dass der tatsächlich erwartete Kurs so zustande kommt.[122] Fama entwickelte die These der Informationseffizienz welche besagt, dass alle öffentlich verfügbaren Informationen sich direkt auf den Kurs eines Assets auswirken.[123] Schließlich entwickelten Sharpe, Lintner und Mossin das auf der Portfoliotheorie aufbauende Capital Asset Pricing Model (CAPM), welches zusätzlich zu den effizienten Portfolios nach Markowitz eine Kapitalmarktlinie beinhaltet. Aufgrund dieser ergibt sich nach dem CAPM dann ein neues effizientes Portfolio mit einer Mischung aus dem Marktportfolio und der risikolosen Anlage.[124]

Trotz all dieser Theorien kommt es jedoch regelmäßig zu Kapitalmarktanomalien, auf welche die Modelle keine oder nur unzureichende Antworten geben können.

---

[122] Vgl. *Muth, J. F.*, Rational, 1961, S. 316.
[123] Vgl. *Fama, E. F.*, Efficient, S. 414.
[124] Vgl. *Dempsey, M.*, CAPM, S. 7 ff.

1) Anomalien hinsichtlich der Effizienzthese

a) Overreaction, Underreaction
Neigung der Marktteilnehmer, aktuelle Informationen nicht adäquat bei der Aktienbewertung zu berücksichtigen und statt dessen historische Entwicklungen überzubewerten.

b) Mean Reversion
Tendenz von Aktienkursen, sich langfristig in zyklischen Mustern zu bewegen.

c) Ankündigungseffekt
Preisänderungen, verursacht durch eine Ankündigung, bestehen häufig auch dann noch weiter, wenn das fundamental gerechtfertigte Maß erreicht ist. Zudem erfolgen sie erst mit einer Zeitverzögerung.

d) Index-Effekt
Kurse steigen i.d.R. steil an, wenn eine Aktie in einen Index aufgenommen wird. Der Anstieg beginnt jedoch häufig nicht mit dem Zeitpunkt der Ankündigung, sondern erst wenige Tage vor der tatsächlichen Aufnahme.

e) Closed-End-Fund-Puzzle
Geschlossene Aktien-Investmentfonds haben typischerweise zu Beginn einen im Vergleich zum Marktwert des Fondsvermögens höheren und später einen geringeren Wert.

2) Kennzahlenanomalien

a) Size Effect
Aktiengesellschaften mit einer niedrigen Kapitalisierung weisen über längere Zeiträume tendenziell höhere Aktienrenditen auf als solche mit einer hohen.

b) Buchwert/Marktwert-Verhältnis
Es besteht ein positiver Zusammenhang zwischen dem Buchwert/Marktwert-Verhältnis und den Aktienrenditen desselben Unternehmens.

c) Kurs/Gewinn-Verhältnis
Es besteht ein negativer Zusammenhang zwischen dem Kurs/Gewinn-Verhältnis und der Rendite.

d) Dividendenrendite
Es besteht ein positiver Zusammenhang zwischen den Gesamt- und den Dividendenrenditen.

3) Kalenderanomalien

Aktien erzielen innerhalb bestimmter Kalenderperioden mit größerer Wahrscheinlichkeit höhere Renditen als in anderen vergleichbaren Perioden; z.B. Januar-Effekt, Montagseffekt, Monatswechseleffekt.

Abbildung 2: Kapitalmarktanomalien
Quelle: In Anlehnung an *Roßbach, P.*, Kapitalmarktanomalien, 2001, S. 8

Wie man an der obigen Darstellung erkennen kann, können diese Anomalien bereits kategorisiert und regelmäßig nachgewiesen werden. Insbesondere Überreaktionen der Marktteilnehmer und Kalenderanomalien sind vermutlich den meisten Investoren bereits begegnet.

An dieser Stelle versucht die seit den 1950er Jahren existierende Behavioral Finance Theorie das Geschehen unter Einbeziehung unterschiedlicher menschlicher Verhaltensweisen zu erklären. Kernaussage dieser Theorie ist, dass der rational denkende „homo oeconomicus" nicht existiert. Stattdessen ist das Verhalten der Kapitalmarktteilnehmer eher eingeschränkt rational und meist auch emotional geprägt.[125] Rapp identifiziert dabei fünf Fehlerquellen, die durch das menschliche Verhalten ausgelöst werden:

1. Irrationale Verhaltensmuster sorgen für systematische Verhaltensanomalien
2. Heterogene Anleger verfolgen unterschiedliche Anlagemotive
3. Unvollständige Informationen sorgen für eine Informationsasymmetrie
4. Aggregation von Verhaltensfehlern sorgt für eine Verstärkung des Effekts
5. Arbitrageprinzip ist wirkungslos bei kollektivem Fehlverhalten[126]

Im Folgenden werden ausgewählte Gründe für diese Anomalien - auch Biases genannt - genauer dargestellt. Anschließend wird überprüft, ob diese auf die Crowdinvestinganleger zutreffen könnten.

6.4.1 Selektive Wahrnehmung

Wenn verschiedene Informationen, die ein Anleger wahrnimmt, von seinen eigenen Vorstellungen teilweise abweichen, neigt er dazu sich nur auf diejenigen zu konzentrieren, die mit seinem bisherigen Wissen übereinstimmen. Diese Art der Informationsaufnahme wird als Selektive Wahrnehmung bezeichnet und kann dementsprechend auch zu selektiven Entscheidungen führen.[127]

---

[125] Vgl. *Averbeck, D.*, Overconfidence, 2018, S. 8 ff.
[126] Vgl. *Rapp, H.-W.*, Verhalten, 1997, S. 81 ff.
[127] Vgl. *Averbeck, D.*, Overconfidence, 2018, S. 51 f.

6.4.2 Overconfidence Bias

Der Overconfidence Bias beschreibt die Selbstüberschätzung vieler Anleger. Die Investoren unterliegen dabei der Illusion, die (teilweise) Kontrolle über das Geschehen am Kapitalmarkt zu haben. Verhält sich der Markt dann so wie es der Anleger vorhergesagt hat, neigt er zur Überschätzung seiner eigenen Fähigkeiten. Die Folge ist eine Sorglosigkeit bei zukünftigen Investitionen, da er meint, die Ereignisse bzw. Kursverläufe prognostizieren zu können.[128]

Diese Selbstüberschätzung der eigenen Fähigkeit das „richtige" Start-Up auswählen zu können, findet man auch bei den Crowdinvestoren auf der Plattform Seedmatch. Bei einer durchschnittlichen Investmentsumme von ca. 1.700 Euro pro Anleger und einem von Seedmatch geforderten Mindestinvestment von 250 Euro pro Start-Up, könnte ein Crowdinvestor in sechs verschiedene Unternehmen investieren. Im Schnitt legte ein Anleger im Jahr 2015 allerdings in 1,55 Unternehmen an. Dabei fokussierten sich fast 60 % auf lediglich ein einziges Unternehmen, während nur 3,5 % ein Portfolio aus zehn oder mehr Start-Ups besaßen.[129] Dies lässt Schlussfolgern, dass die meisten Anleger auf Seedmatch ebenfalls von ihren Fähigkeiten höchst überzeugt sind und dem Irrglauben erliegen in das rentabelste Start-Up investiert zu haben.

6.4.3 Verlustaversion/Dispositionseffekt

Die Verlustaversion beschreibt die Abneigung von Anlegern Verluste zu realisieren. Der psychologische Schmerz ist dabei größer als die Freude bei Erzielung eines Gewinnes. Ein Verlust wird demzufolge höher bewertet als ein Gewinn in gleicher Höhe.[130] An dieser Stelle knüpft der Dispositionseffekt an. Investoren verkaufen die Gewinnpositionen zu früh und lassen Verluste weiter laufen um diese nicht realisieren zu müssen.[131] Zahlreiche Studien belegen, dass vor allem private Investoren diesem Effekt unterliegen, während institutionelle Anleger seltener betroffen sind.[132]

---

[128] Vgl. *Averbeck, D.*, Overconfidence, 2018, S. 53 f.
[129] Vgl. *https://www.seedmatch.de/system/files/campaign/seedmatch-in-zahlen-q4-2015.pdf*, Zugriff am 09.05.2018.
[130] Vgl. *Nitzsch, R.*, Entscheidungslehre, 2006, S.105.
[131] Vgl. *Haase, S.*, Dispositionseffekt, 2016, S. 3.
[132] Vgl. *Haase, S.*, Dispositionseffekt, 2016, S. 28 f.

Im Crowdinvesting können Anleger zwar ihre Beteiligungen während der Laufzeit nicht frei handeln, sind aber trotzdem von diesem Effekt betroffen, wie in Kapitel 7 noch aufgezeigt wird.

6.4.4 Herdenverhalten

In unsicheren oder unbekannten Situationen orientieren sich Menschen zumeist an ihren Mitmenschen (soziale Imitation). Dieses Verhalten ist auch am Kapitalmarkt zu beobachten, etwa wenn starke Aufwärts- oder Abwärtstrends entstehen. Dabei wiegt sich der einzelne Anleger in Sicherheit, da er auf die Intelligenz der Masse vertraut.[133] Diverse Studien, unter anderem zum Herdenverhalten an der Italienischen Börse von 1993 bis 2000, weisen deren Existenz unwiderlegbar nach.[134]

Es stellt sich die Frage, warum beim Marktführer Companisto drei Unternehmen im Bereich Künstlicher Intelligenz (ASE), Blockchain-Technologie (itravel) und Zahnersatzsystemen (Replicate System) innerhalb kürzester Zeit die Fundingschwelle erreicht haben, während zwei andere Start-Ups zum Thema Metasuchmaschinen (Prelovee) und Robotik (Meadow Robotics) aktuell noch nicht einmal ein Drittel ihrer gewünschten Summe von Investoren bekamen.[135]

Man könnte thematische Erklärungsversuche wagen oder einen subjektiv schlechteren Auftritt auf der Plattform als Grund nennen. Auffällig ist allerdings, dass bei zwei der drei schnell finanzierten Start-Ups jeweils Co-Investoren mit 750.000 Euro und 1 Million Euro kurz davor oder im Laufe des Fundings eingestiegen sind. Die Crowd scheint dabei ein Herdenverhalten zu entwickeln, sobald große Investoren in ein Start-Up investieren oder viele einzelne, wie bei dem Unternehmen zur Thematik der künstlichen Intelligenz.

Dabei wiegt sich die Masse in der scheinbaren Sicherheit der kollektiven Intelligenz vieler anderer Anleger bzw. vertraut auf das Urteil eines einzigen großen Co-Investors.

Diese relativ kleine Stichprobe einer einzigen Plattform ist zwar kein Beweis, sehr wohl aber ein Indiz dafür, dass sich andere Crowdinvestoren von vielen einzelnen

---

[133] Vgl. *Averbeck, D.*, Overconfidence, 2018, S. 54 f.
[134] Vgl. *Caparrelli, F.*, Herdenverhalten, 2004, S. 222 ff.
[135] Vgl. *https://www.companisto.com/de/investments,* Zugriff am 09.05.2018.

oder großen Investitionsvolumina anstecken lassen und dadurch eher geneigt sind ebenfalls zu investieren.

6.5 Handlungskatalog für Crowdinvestinganleger

Zum Abschluss des Kapitels soll nun basierend auf den bisherigen Erkenntnissen ein Handlungskatalog für Crowdinvestoren entwickelt werden. Bei Beachtung der Checkliste, werden die gängigsten Fehler im Crowdinvesting vermieden und die Chance eines (Total-)Verlustes verringert.

- Analyse des Gründerteams: Die Ideen und Vorhaben der Start-Ups auf den Crowdinvesting-Plattformen klingen meist innovativ und versprechen großes Wachstum. Trotzdem kann es bei mangelndem Fachwissen oder Erfahrung innerhalb des Gründerteams zu eklatanten Fehlern in der Anfangsphase kommen, die zu langfristigen Nachteilen und Renditeeinbußen führen. Deshalb sollten Anleger neben der Geschäftsidee immer die Menschen dahinter überprüfen und sich überlegen, ob diese auch genug unternehmerische Qualitäten mit sich bringen um ein Start-Up führen zu können.[136]

- Niedrige Bewertung: Je höher ein Start-Up vor dem Crowdinvesting bewertet ist, desto mehr Erfolgspotentiale sind bereits vorweggenommen. Investoren sollten daher auch gezielt nach Projekten suchen, bei denen sie aufgrund einer niedrigeren Bewertung des Unternehmens mehr Anteile für das gleiche Kapital erhalten.

- Anteil an Gewinnen und am Exit: Die Beteiligungsverträge sind meist individuell gestaltet und enthalten nicht immer die gleichen Gewinn- und Exitbeteiligungen. Crowdinvestoren sollten daher die zugrunde liegenden Verträge genauestens studieren und auf eine Beteiligung - insbesondere beim Verkauf oder eines Exits - nicht verzichten. Auch die Art der Berechnung bzw. die Höhe der zugrunde liegenden Multiples der Unternehmensbewertung beim Exit ist entscheidend für die Höhe der Rendite.

---

[136] Vgl. *Beck, R.*, Crowdinvesting, 2017, S. 123.

- Diversifikation: Crowdinvestoren sollten niemals in nur in einziges Start-Up investieren. Unabhängig von der Genialität der Idee, kann es jederzeit zu unvorhersehbaren Problemen kommen, welche zur Insolvenz führen können. Stattdessen sollte ein Anleger ein Portfolio aus mehreren Start-Ups bilden, wodurch zwar die mögliche Gesamtrendite geschmälert, ein Totalverlust aber um ein Vielfaches unwahrscheinlicher wird.

- Eigene Entscheidung: Crowdinvestoren sollten stets auf ihre eigene Meinung vertrauen und sich nicht von anderen Anlegern mitreißen lassen. Einige Plattformen stellen deshalb bereits vor Fundingbeginn die Start-Ups vor, damit sich potentielle Investoren einen Überblick verschaffen können. Andere Anbieter wiederum zeigen die insgesamt aktuell investierte Summe gar nicht erst an, um neue Anleger damit nicht zu beeinflussen.[137]

---

[137] Vgl. *https://www.deutsche-mikroinvest.de/*, Zugriff am 09.05.2018.

7 Auswertung der Rentabilität von Crowdinvestments

7.1 Methodische Vorgehensweise

Zur Beantwortung der eingangs gestellten Frage, ob Crowdinvestings eine rentable Beimischung für das Portfolio eines Kleinanlegers darstellen, wird eine quantitative Forschung betrieben. Grundlage ist die Datenanalyse der Webseiten www.crowdinvest.de und www.crowdfunding.de, die Daten aus öffentlich zugänglichen Informationen der Crowdinvesting-Plattformen, Webauftritte der Start-Ups, Presseartikel, Einträge im Unternehmensregister bzw. Insolvenzbekanntmachungen und Informationen durch die Crowd erhält. Dazu kommen eigene Recherchen u.a. auf den Webseiten www.gruenderszene.de, www.deutsche-startups.de und den Crowdinvesting-Plattformen selbst zur Vervollständigung.

Im ersten Schritt wurden sämtliche Unternehmen der Kategorie „Start-Up" von https://www.crowdinvest.de/startups in eine Excel-Tabelle übertragen. Anschließend wurden Duplikate aussortiert und mit den erfolgreichen und gescheiterten Start-Ups von https://www.crowdfunding.de/rendite-erfolge-startup-crowdinvesting/ und https://www.crowdfunding.de/pleiten-startup-crowdinvesting/ verglichen. Fehlende Unternehmen wurden dann der Liste hinzugefügt und falsch einsortierte (wie z.B. Wachstumsunternehmen die keine Beteiligung sondern lediglich einen festen Zinssatz anboten) entfernt.

Im nächsten Schritt wurde die Anzahl der Start-Ups gezählt, da durch mehrere Finanzierungsrunden die Unternehmen teilweise mehrfach vorkamen. Danach folgte eine grundsätzliche Kategorisierung, die zwar von den Datenbanken bereits vorgenommen wurde, jedoch nicht immer eindeutig oder richtig war. Es wurde unterschieden in Aktiv, Ausfall, Rückkaufangebot, Zurückgezahlt und Unklar. Bei 38 der 39 als Unklar klassifizierten Finanzierungsrunden stellte sich heraus, dass bereits ein Insolvenzantrag vorliegt oder die Gesellschaft inzwischen aufgelöst wurde. Diese wurden dementsprechend ebenfalls als Ausfall eingestuft. So konnte bei 223 von 224 Start-Ups der genaue Status des Crowdinvestings festgestellt werden.

Darauf folgend wurden zwei weitere Excel-Tabellen mit den Ausfällen und Exits (Kategorie „Rückkaufangebot" und „Zurückgezahlt" zusammengefasst) erstellt. Anschließend wurde die investierte Summe aus allen ausgefallenen Crowdinvestings gebildet, als Kennzahl zum absoluten Verlust. Außerdem wurde das jeweilige Tätigkeitsfeld recherchiert und das Start-up einer Branche zugeordnet. Aufgrund homogener Branchenzugehörigkeit wurde lediglich nach E-Commerce, Technologie, Software und Andere unterschieden.

Bei den Exits wurde äquivalent die Branchenzugehörigkeit und im nächsten Schritt die Rendite recherchiert. Diese Zahlen wurden jedoch nur teilweise veröffentlicht. Bei drei Investmentrunden mussten daher basierend auf den Aussagen „Rendite deutlich dreistellig" und „sechsstellige Auszahlung" Annahmen zur jeweiligen Höhe getroffen werden. Anhand der Renditen wurden dann die annualisierte und absolute Rendite einer Investmentrunde sowie die durchschnittliche Gesamtrendite und die durchschnittliche annualisierte Rendite aller erfolgreichen Start-Ups errechnet.

Zur Erkennung von Erfolgspotentialen wurde anschließend recherchiert, ob bei den erfolgreichen Crowdinvestings Business Angels zum Zeitpunkt des Fundings involviert waren.

Äquivalent dazu wurde die gleiche Recherche bei den Crowdinvestings der Kategorie „Immobilien" durchgeführt und ebenfalls in eine gesonderte Excel-Tabelle übertragen. Branchen und Business Angels fallen hier weg, weshalb sich die Daten auf die erzielten Renditen beschränken. Eine Analyse der Renditen für Crowdinvesting in Wachstumsunternehmen bzw. Mittelständler ist aufgrund der geringen Datenlage nicht möglich. Da bisher weniger als 1 % des Volumens zurückgezahlt wurde und fast 80 % der Daten von einer einzigen Plattform kommen, die keine Zahlen für Nichtanleger zur Verfügung stellt, muss auf diesen Teil der Auswertung verzichtet werden.

Grundlage bei der nachfolgenden Darstellung der Ergebnisse sind sämtliche gesammelten Daten der Excel-Tabellen, die aufgrund ihres Umfanges nicht in den Anhang dieser Arbeit sondern zusammen mit den gespeicherten flüchtigen Quellen digital zur Verfügung gestellt werden.

7.2 Darstellung der Ergebnisse

In der Untersuchung werden zunächst alle Start-Up-Finanzierungen durch Crowdinvesting in Deutschland seit 2011 betrachtet. Es handelt sich dabei um 224 Unternehmen die insgesamt 249 Finanzierungsrunden vollzogen. Dabei wurde ein Kapital von ca. 79,7 Millionen Euro eingesammelt. 69,2 % bzw. 155 Start-Ups befinden sich noch in der aktiven Phase des Crowdinvestings. Die Mittel der Crowd werden aktuell verwendet und das Unternehmen hat weder einen Exit noch eine Insolvenz verkündet. 25,9 % bzw. 58 Start-Ups sind bereits ausgefallen. Diese

Gesellschaften haben entweder einen Insolvenzantrag gestellt oder wurden bereits aufgelöst. Da die Insolvenzmasse bei Start-Ups meist sehr gering ist, ist noch kein Fall bekannt, bei dem Crowdinvestoren im Insolvenzverfahren Teile ihres Kapitals zurück erhalten haben. Dem gegenüber stehen 4,5 % bzw. 10 Start-Ups, die erfolgreich waren und der Crowd ein Rückkaufangebot gemacht oder sie im Rahmen eines Exits ausgezahlt haben.

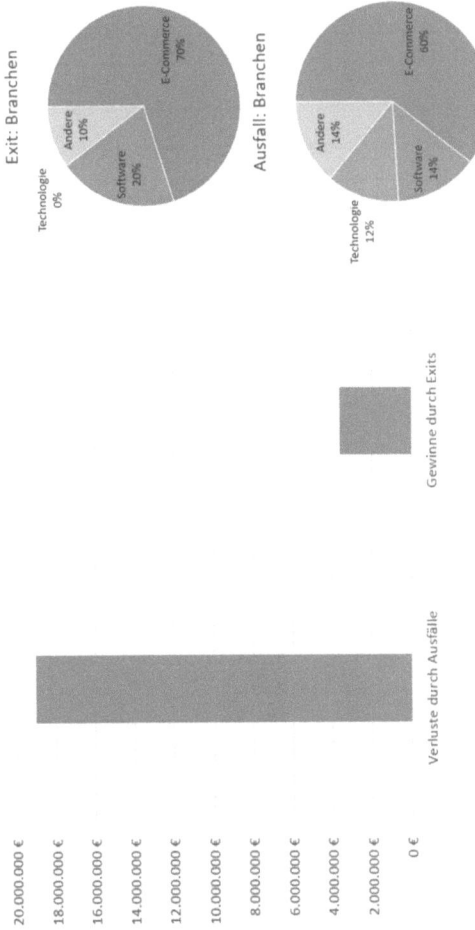

Abbildung 3: Gewinne und Verluste sowie Branchenverteilung der Start-Ups
Quelle: Eigene Darstellung

In der oben stehenden Abbildung wurden die absoluten Verluste der 58 ausgefallen Start-Ups den Gewinnauszahlungen der 10 erfolgreichen Unternehmen gegenüber gestellt. Es zeigt sich, dass die bisherigen Verluste in Höhe von 19,03 Millionen Euro die Gewinne in Höhe von 3,61 Millionen Euro um ein Vielfaches übersteigen. Dabei verbrannten die mittlerweile insolventen Start-Ups im Schnitt knapp 20.000 Euro Crowdinvesting-Kapital pro Monat. Spitzenreiter ist die bisher größte Start-Up Crowdfinanzierung „Protonet" mit 3,2 Millionen Euro eingesammelten Kapital. Das Unternehmen hatte eine „Crowd-Cash-Burn-Rate" von fast 100.000 Euro pro Monat.

Die recherchierte Branchenzugehörigkeit deutet darauf hin, dass die Mehrheit der Start-Ups – sowohl gescheiterte als auch erfolgreiche – im Bereich des E-Commerce tätig sind bzw. waren. Dabei handelt es sich zumeist um Online-Shops, Abonnement-Versandmodelle oder Dienstleistungsangebote. Während zwei erfolgreiche Unternehmen Software programmierten, gelang nur einem Start-Up aus dem nicht-elektronischen Bereich der Exit. Technologieunternehmen hingegen fielen bis zum heutigen Zeitpunkt immer aus.

Bei der Recherche nach Business Angels stellte sich heraus, dass lediglich bei einem der zehn erfolgreichen Start-Ups ein Business Angel zum Zeitpunkt des Crowdinvestings involviert war. Dem gegenüber stehen mindestens sechs gescheiterte Start-Ups, bei denen Business Angels zum Zeitpunkt des Fundings bereits Anteile besaßen. Darunter sind auch drei der größten deutschen Crowdinvesting-Start-Ups „Protonet", „Freygeist" und „Returbo", die zusammen fast sechs Millionen Euro der Verluste ausmachen.

Auswertung der Rentabilität von Crowdinvestments

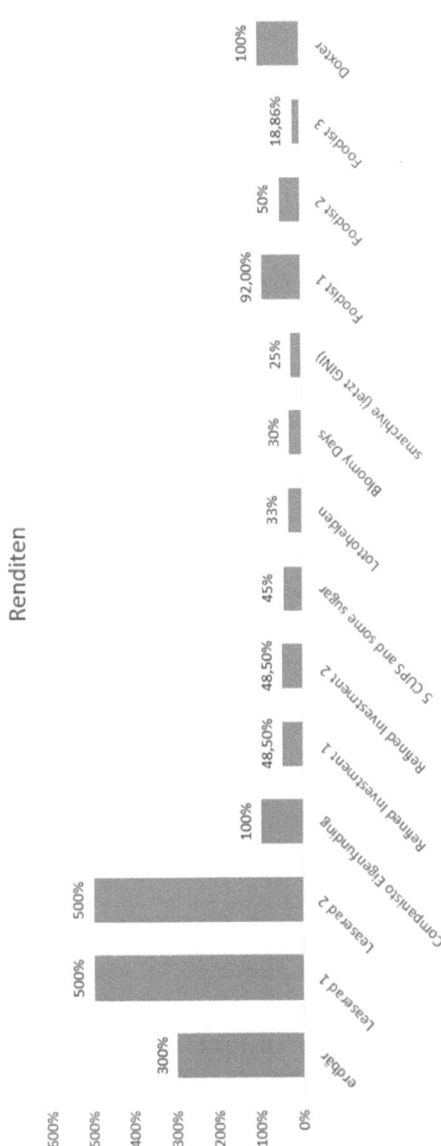

Abbildung 4: Renditen der erfolgreichen Start-Up Investmentrunden
Quelle: Eigene Darstellung

Die bestätigten Gesamtrenditen der erfolgreichen Investmentrunden (insgesamt 14 Stück bei 10 Start-Ups) reichen von 18,86 % (Foodist Finanzierungsrunde 3) bis zu 300 % (erdbär). Die höchste unbestätigte Auszahlung erreichte das Start-Up „Leaserad". Nach eigenen Angaben war die Gesamtrendite „deutlich dreistellig" und „die höchste bisher gezahlte Rendite im deutschen Crowdinvesting".[138] Es wurde daher eine Annahme in Höhe von 500 % getroffen. Diese Exit-Rendite wird plausibilisiert durch die Bekanntgabe eines „mittleren zweistelligen Zins", der den Investoren im Jahr 2016 als gewinnabhängiger Bonuszins ausgezahlt wurde.[139]

Die zweite getroffene Annahme betrifft das Start-Up Doxter, welches 100.000 Euro einsammelte. Die einzig vorliegende Information zum Exit ist „eine Auszahlung im sechsstelligen Bereich".[140] Es wurde deshalb eine Annahme von 100 % Gesamtrendite getroffen.

Setzt man nun die absoluten Gewinne in Höhe von 3.606.920 Euro mit dem investierten Kapital in Höhe von 3.649.200 Euro ins Verhältnis, erhält man eine durchschnittliche Gesamtrendite von 98,84 %. Die insgesamt 14 Investmentrunden liefen zwischen 13 und 47 Monaten und hatten somit eine durchschnittliche Dauer von 2,4 Jahren. Dadurch ergibt sich eine durchschnittliche annualisierte Rendite von 41 % für die 14 erfolgreichen Crowdinvesting-Runden.

Hätte ein potentieller Investor in alle bisher erfolgreichen und ausgefallenen Start-Ups die gleiche Menge an Kapital investiert, käme er auf eine negative Gesamtrendite von 68 %. Dadurch zeigt sich, dass die bisher erzielten Renditen der Exits bei weitem nicht ausreichen um die Verluste durch die 58 gescheiterten Unternehmen auszugleichen.

Setzt sich der bisherige Trend fort, so wird nur jedes 7. Start-Up einen erfolgreichen Exit schaffen, während die restlichen sechs ausfallen. Basierend auf den Analysen der Plattform Seedmatch, wonach 60% der Investoren nur eine einzige Start-Up Beteiligung halten, wird mit ca. 86 % dieser Kapitalanleger der Großteil einen Totalverlust erleiden. Diejenigen Anleger mit einem Portfolio von 10 oder mehr Crowdinvestings schmälern das Risiko eines Totalverlustes deutlich. Mit einer Wahrscheinlichkeit von fast 45 % besitzen diese Investoren mindestens eine bereits

---

[138] Vgl. *http://blog.seedmatch.de/2016/02/08/leaserad-rueckkaufangebot-rendite-crowdinvesting-crowdfunding/*, Zugriff am 29.05.2018.
[139] Vgl. *ebd.*
[140] Vgl. *https://www.startupvalley.news/de/startup-doxter-wird-verkauft/*, Zugriff am 29.05.2018.

erfolgreiche Exit-Beteiligung. Im Schnitt sollte hier nach Ablauf aller Crowdinvestings eine Erfolgsquote von ca. 14 %, d.h. 1,4 erfolgreiche Investments bei 10 Beteiligungen herauskommen.

Die Anzahl der Immobilien Crowdfinanzierungen seit 2012 ist mit 243 Stück vergleichbar hoch, wenn auch das Volumen mit ca. 257 Millionen Euro das der Start-Ups um mehr als das Dreifache übersteigt.

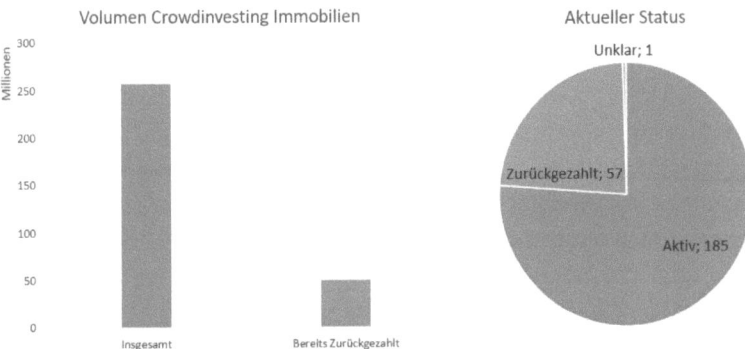

Abbildung 5: Volumen und Status Crowdinvesting Immobilien
Quelle: Eigene Darstellung

Mit über 23 % bzw. 57 Stück wurde fast ein Viertel der Investments bereits erfolgreich abgeschlossen. Das zurückgezahlte Volumen liegt hier bei 49,2 Millionen Euro. Der Großteil von 185 Projekten bzw. 76 % ist noch aktiv. Die Investoren erhalten bei diesen Finanzierungen regelmäßig ihre Zinsen und warten auf das Ende der Laufzeit. Lediglich bei einem dieser 243 Projekte kam es zu einem Insolvenzantrag. Das Insolvenzverfahren ist derzeit am Laufen, jedoch scheint die Insolvenzmasse nicht einmal für die vorrangigen Gläubiger auszureichen, weshalb die Crowd die insgesamt investierte Summe von 500.000 Euro vermutlich abschreiben muss.[141]

Die ungewichtete durchschnittliche jährliche Rendite, die Investoren bei den bereits abgeschlossenen Immobilien Crowdinvestings erzielten, liegt bei 5,89 %.

---

[141] Vgl. *https://www.test.de/Crowdfunding-Erstmals-Insolvenzverfahren-bei-Immobilienprojekt-5230204-0/*, Zugriff am 30.05.2018.

7.3 Interpretation der Ergebnisse

Um die dargestellten Ergebnisse interpretieren und einordnen zu können, soll zuerst die Anzahl der Start-Up Crowdinvestments und deren Volumen mit der Assetklasse Venture Capital verglichen werden. Im Jahr 2016 gab es 32 Start-Up Finanzierungen über Crowdinvestingplattformen mit einem Volumen von knapp 12 Millionen Euro. Dem gegenüber stehen 345 Venture Capital Investitionen[142] mit einem Volumen von ca. 1,6 Milliarden Euro[143]. Während somit die Crowdinvesting Start-Ups im Schnitt 375.000 Euro erhielten, investierten VC-Gesellschaften durchschnittlich 4,6 Millionen Euro pro Unternehmen. Das niedrigere Gesamtvolumen im noch jungen Crowdinvestingmarkt war zu erwarten. Markant ist jedoch der Unterschied in der durchschnittlich investierten Summe pro Start-Up. VC-Gesellschaften investierten mehr als das zehnfache je Unternehmensbeteiligung. Dies vorangestellt, erklärt bereits den Hauptgrund der Insolvenzen der Crowdinvesting Start-Ups. Aufgrund der geringen Menge an Kapital können unvorhergesehene Ereignisse schnell zu Zahlungsschwierigkeiten und dem frühen Aus des Unternehmens führen. Während VC-Gesellschaften über viel Erfahrung über den Kapitalbedarf von Start-Ups verfügen, schätzen die Gründer und die Crowd diesen offenbar zu gering ein. Die optimistischen Prognosen in den Vorstellungen auf den Plattformen gehen zumeist vom Best-Case-Szenario aus und vernachlässigen etwaige Unwägbarkeiten oder potentielle Probleme und Risiken. Im Folgenden werden deshalb zunächst die gescheiterten Crowdinvestments analysiert und anschließend die rentablen Exits genauer betrachtet.

Bisher übersteigen die realisierten Verluste aus den ausgefallenen Unternehmen die Exit-Gewinne der erfolgreichen Start-Ups. Es lassen sich mehrere Hauptgründe für die Ausfälle identifizieren. Zum einen schätzten einige Start-Ups die Nachfrage nach ihrem Produkt zu hoch ein und kalkulierten mit einem weit höheren Wachstum. Infolgedessen wurden Fehlinvestitionen getätigt, die zu Zahlungsschwierigkeiten und der anschließenden Insolvenz führten. Beispiele dafür sind Unter-

---

[142] Vgl. *https://de.statista.com/statistik/daten/studie/657680/umfrage/anzahl-der-venture-capital-investitionen-in-deutschland/*, Zugriff am 14.07.2018.

[143] Vgl. *https://de.statista.com/statistik/daten/studie/657682/umfrage/volumen-der-venture-capital-investitionen-in-deutschland/*, Zugriff am 14.07.2018.

nehmen wie Nixe[144] und TripRebel[145]. Probleme in der Führung[146], der Wegfall von Vertriebskanälen[147] oder Hardware-Investoren[148] und auch die Fehlkalkulation des Produktpreises[149] sind weitere Gründe des Scheiterns. All diese Probleme sorgten bei den Unternehmen für Zahlungsschwierigkeiten und endeten aufgrund fehlenden Investoren für eine neue Finanzierungsrunde in der Insolvenz. Vermutlich wären einige dieser Probleme mit einem höheren Kapital lösbar gewesen und die Start-Ups würden noch am Markt existieren. Im Gegensatz zu VC-Gesellschaften, die sich voll auf ihre Investments konzentrieren, fehlt beim Crowdinvesting oftmals das Commitment der Crowd noch mehr Kapital bei Problemen nachzufinanzieren. Die aktuelle Quote an erfolgreichen Exits im Vergleich zu den Ausfällen ist im internationalen Vergleich allerdings leicht über dem Durschnitt. Der Startup Genome Report analysierte über 3.200 Start-Ups und kam zu einer Ausfallquote von über 90 %.[150] Der Fokus der Analyse muss somit auf die erfolgreichen Start-Ups gelegt werden, da die Anzahl der Insolvenzen bzw. gescheiterten Start-Ups trotzdem im Normalbereich liegt. Aufgrund der negativen Gesamtrendite lässt sich schlussfolgern, dass die Crowdinvesting-Start-Ups offenbar eine zu geringe Rendite im Exit realisieren. Doch weshalb ist diese so gering und wieso betrug die höchste bestätigte Gesamtrendite nur 300 %?

Bei einer durchschnittlichen Laufzeit von 28 Monaten im Exitfall liegt die Vermutung nahe, dass die Investoren ihre Beteiligungen zu früh verkaufen. Nach weniger als 2 ½ Jahren kann ein Start-Up nicht in dem Maße wachsen wie in der ursprünglich angestrebten Beteiligungslaufzeit von 5-8 Jahren. Zum Vergleich: Venture Capital Fonds sind auf einen Zeitraum von bis zu 10 Jahren ausgelegt.[151] Dies wird auch durch eine im Jahr 2016 durchgeführte Studie zur Haltedauer von Private

---

[144] Vgl. *https://www.gruenderszene.de/allgemein/nixe-bier-startup-insolvenz-deutschland*, Zugriff am 22.07.2018.

[145] Vgl. *https://www.gruenderszene.de/allgemein/triprebel-insolvent-hotel-buchung*, Zugriff am 22.07.2018.

[146] Vgl. *https://ngin-mobility.com/artikel/e-bike-bauer-freygeist-insolvent-companisto/*, Zugriff am 22.07.2018.

[147] Vgl. *https://www.deutsche-startups.de/2016/10/24/returbo-crowdinvesting-pleite/*, Zugriff am 22.07.2018.

[148] Vgl. *https://www.gruenderszene.de/allgemein/protonet-insolvenz*, Zugriff am 22.07.2018.

[149] Vgl. *https://www.golem.de/news/panorama-berliner-kamerahersteller-panono-ist-insolvent-1705-127934.html*, Zugriff am 22.07.2018.

[150] Vgl. *Marmer, M. et al*, Report, 2011, S.4.

[151] Vgl. *Achleitner, A.*, Venture-Capital, 2001, S. 519.

Equity Beteiligungen bestätigt. Die befragten 201 Beteiligungsgesellschaften hielten ihre Anteile im Schnitt für 6,5 Jahre. Das operative Wachstum der investierten Unternehmen gilt dabei als wichtigster Werttreiber und benötigt meist mindestens 5 Jahre um die erwarteten Mindestrenditen im Exit zu erzielen.[152] In Sechs Fällen nahmen die Investoren das vorzeitige Rückkaufangebot der Gründer an, bei vier Exits stimmte die Crowd dem Verkauf an ein anderes Unternehmen bzw. an eine VC-Gesellschaft zu. Dies geschah allerdings auch teilweise durch erheblichen Druck auf die Crowd. So drohte das Start-Up Cashboard seinen Anlegern, dass schwere Zeiten auf sie zukommen werden, wenn diese das Buy-Out-Angebot nicht annehmen würden. Bloomy Days koppelte ihr Rückkaufangebot an die Crowd mit der Drohung, dass eine Ablehnung vermutlich zur Insolvenz führen würde. Eine VC-Gesellschaft wollte hier einsteigen, allerdings ohne die Crowdinvestoren als Mitanteilseigner. Beide Male stimmten die Anleger dem Exit anschließend zu.[153]

Trotzdem scheinen auch hier wieder Aspekte der Behavioral Finance aufzutreten. Betrachtet man zuerst die drei größten Crowdinvesting Ausfälle in Deutschland, so könnte das bereits beschriebene Herdenverhalten ein ausschlaggebender Punkt sein. Durch die anfängliche Involvierung von Business Angels wähnten sich die Anleger möglicherweise in scheinbarer Sicherheit und investierten ihr Kapital ohne eigene Bewertungen zu treffen. Durch die Investition von weit über 1.000 verschiedener Anleger wurde das Herdenverhalten womöglich verstärkt und ist auch der Grund, weshalb ebendiese drei gescheiterten Start-Ups zusammen über 6 Millionen Euro an Kapital einsammeln konnten.

Bezogen auf die verfrühten Ausstiege der Crowd aus ihren Beteiligungen kann man die Verlustaversion bzw. den Dispositionseffekt heranziehen. Während der Beteiligung durchläuft das Start-Up mehrere Höhen und Tiefen. Aus eigenen Erfahrungen weiß der Autor, dass z.B. das erfolgreiche Start-Up „Foodist" die ersten Planzahlen bei Weitem verfehlte und zahlreiche Mitinvestoren eine baldige Insolvenz vorhersagten.[154] Umso geneigter war die Crowd dem Kaufangebot der Stroer AG zuzustimmen. Die Angst vor einem Totalverlust war offenbar zu groß und die Möglichkeit den Gewinn zu realisieren zu einfach. Diese Verlustaversion gepaart mit der Tatsache, dass die meisten Anleger nur ein einziges Crowdinvestment getätigt

---

[152] Vgl. *Reis, J., Stübiger, B.*, Beteiligungsbranche, 2016, S. 11.
[153] Vgl. *Dohms, H.-R.*, Kritik, 2015, S. 130 ff.
[154] Vgl. *https://www.companisto.com/de/investor-news-details/article-1371*, Zugriff am 31.05.2018.

haben, führte vermutlich zu den frühen Exits und den dementsprechend geringen Gesamtrenditen.

Lösungsansätze für diese Probleme lassen sich in Großbritannien finden. Crowdinvesting ist dort weitaus populärer als hierzulande und die Renditen im Exit um ein Vielfaches höher. So sammelte das Craftbeer Start-Up „BrewDog" im Jahr 2010 zum ersten Mal Kapital über eine Crowdinvestingplattform ein. Anders als die Unternehmen die die Crowd bei Erfolg schnellstmöglich auszahlen bzw. herausdrängen wollen, sah BrewDog die Investoren als Botschafter für die Verbreitung von Craftbeer an. Dadurch investierten in mehreren folgenden Finanzierungsrunden insgesamt 56.000 Menschen in das inzwischen 1,2 Milliarden US-Dollar wertvolle Unternehmen. Crowdinvestoren der ersten Finanzierungsrunde können heute Ihre Anteile an der Firma mit einer Gesamtrendite von 2.765 % verkaufen.[155] Diese hohe Rendite konnte auch deshalb erzielt werden, weil die Gesetzgebung in Großbritannien oder der USA eine andere als hierzulande ist. Investoren erhalten auf Webseiten wie Crowdcube eine echte Eigenkapitalbeteiligung in Form von A oder B Investment Shares anstatt Zertifikaten durch partiarische Nachrangdarlehen.[156]

Es braucht Erfolgsgeschichten wie diese, um Crowdinvesting in Deutschland zu etablieren. Die Start-Ups müssen die Crowd aktiv nutzen, sei es in Form von Marketingmaßnahmen um die Bekanntheit zu erhöhen oder durch die kollektive Intelligenz wie beim Crowdsourcing. Eine Reduzierung der Crowd auf die reine Kapitalgabe mag bei manchen Start-Ups funktionieren, die große Mehrheit scheitert jedoch im Laufe der Zeit aufgrund unvorhergesehener Probleme. Die meist emotionale Crowd, welche zum Großteil unter den Einflüssen der Behavioral Finance steht, ist dann oftmals nicht geneigt weiteres Kapital nachzufinanzieren und das Unternehmen geht insolvent. Es braucht somit zum einen eine Verbindung zwischen Start-Up und Crowd, welche in schwierigen Zeiten nicht einreist und das Vertrauen der Investoren in das Unternehmen aufrechterhält. Zum anderen benötigt das Start-Up eine einwandfreie Finanzplanung, die auch Real-Case und Worst-Case Szenarien enthält und die Crowd rechtzeitig über Probleme oder anstehende weitere Finanzierungsrunden informiert. VC-Gesellschaften erwarten nicht weniger von ihren Beteiligungen und während diese durch ihre Stimmrechte die Unter-

---

[155] Vgl. https://www.entrepreneur.com/article/293623, Zugriff am 15.07.2018.
[156] Vgl. https://www.crowdfunding.de/startup-crowdinvesting-wie-hoch-ist-das-risiko-wirklich/, Zugriff am 22.07.2018.

nehmen maßgeblich beeinflussen können, sollte die Crowd zumindest durch eine transparente Informationspolitik stets auf dem aktuellen Stand gehalten werden. Ebenso liegt es am Gesetzgeber die Möglichkeiten des Crowdinvestings zu erkennen und ein angemessenes Umfeld für Start-Ups und Investoren zu schaffen. Das Kleinanlegerschutzgesetz verfehlt dieses Ziel und hat die Beteiligten lediglich in die Ausnahmetatbestände gedrängt. Finanzaffine Menschen die Online in Unternehmen investieren sind sich des Risikos sehr wohl bewusst. Sie benötigen keine Regulierung oder Vorschriften durch den Staat, sondern eine Möglichkeit einfach und gleichgestellt mit anderen Anteilseignern in ein Start-Up zu investieren. In einem Land, welches im internationalen Vergleich als Gründungsarm beschrieben werden kann, ist es auch für den Staat nur von Vorteil die Finanzierung von jungen Unternehmen zu unterstützen. Neben neuen Innovationen entsteht durch die Start-Ups auch ein Volkswirtschaftlicher Nutzen, der sich positiv auf das Gemeinwohl des Landes auswirken würde.

Weitaus positiver sind die Zahlen zur Rendite aus dem Crowdinvesting Immobilienbereich. Abgesehen von einem gescheiterten Projekt welches Insolvenz anmelden musste, kam es zu keinem weiteren Ausfall. Die bisher durchschnittlich realisierte Gesamtrendite von 5,89 % übersteigt damit die der Start-Ups bei Weitem. Das hohe Volumen lässt sich vor allem durch die Beliebtheit von Immobilen erklären. Laut einer GfK-Umfrage von 2017 halten 76 % der Deutschen eine Eigentumswohnung oder ein eigenes Haus als attraktivste Geldanlage.[157] Viele Anleger können sich jedoch aufgrund des Immobilienbooms eine ganze Immobilie nicht mehr leisten oder wollen aufgrund des Klumpenrisikos nicht ihr gesamtes Geld in eine einzige Assetklasse investieren. Da Real Estate Investment Trusts und Immobilienaktien wie z.B. Vonovia ein Aktiendepot und Kenntnisse des Kapitalmarkts voraussetzen, ist es nicht verwunderlich, dass diese Formen der Geldanlage nur von 20 % der Befragten als attraktiv eingeschätzt werden.[158] Daher kommt so manchem Anleger die Möglichkeit in Immobilienprojekte über das Internet zu investieren gut gelegen.

Allerdings fußen die erfolgreichen Projekte allesamt auf dem seit einigen Jahren anhaltenden Boom im Immobilienmarkt und vielen Investoren ist das höhere Risiko im Vergleich zur Direktanlage in eine Immobilie nicht bewusst. Wie man an

---

[157] *https://www.gfk-verein.org/presse/gold-klingt-verlockend-dennoch-bleibt-das-sparbuch-wie-deutschland-investiert*, Zugriff am 15.07.2018.
[158] Vgl. *ebd.*

dem einzigen gescheiteren Beispiel „Luvebelle" erkennt, reichen die Sicherheiten im Insolvenzfall auch zum jetzigen Zeitpunkt nicht aus, um die Crowdinvestoren aus der Insolvenzmasse zu befriedigen. Da das Ziel der Projektgesellschaften bei den Immobilen-Crowdinvestings in den meisten Fällen der Wiederverkauf ist, scheint ein erhebliches Risiko im Falle eines Endes des Immobilienbooms bzw. Einbruch des Marktes zu bestehen.

Zusammenfassend lässt sich sagen, dass die erzielbaren Renditen im Crowdinvesting mit zu den höchsten gehören, die Anleger mit ungehebelten Investitionen realisieren können. Allerdings zeigt sich insbesondere im Start-Up Segment, dass eine hohe Rendite immer mit einem hohen Risiko einhergeht. Die Mikroinvestoren brauchen das sprichwörtliche „Glückliche Händchen", da keine eindeutigen Erfolgsfaktoren bestimmbar sind. Weder die Involvierung von Business Angels noch eine bestimmte Branchenzugehörigkeit lassen vorab auf den Erfolg eines Start-Ups schließen. Der wichtigste Punkt im erarbeiteten Handlungskatalog scheint der letzte zu sein: Das Vertrauen auf die eigene Entscheidung und das Unternehmen, ohne sich von anderen Investoren beeinflussen zu lassen.

8 Fazit und Ausblick

Wie in der Arbeit bisher mehrmals angedeutet, ist der Begriff Crowdinvesting stetig im Wandel. Anfangs noch rein auf das eigenkapitalbasierte Crowdfunding bezogen, definiert sich Crowdinvesting vor allem durch die Anwendung in der Praxis. Die Investition in Immobilienprojekte und Mittelständische oder Wachstumsunternehmen wird in der Literatur bisher nur wenig beschrieben, gehört jedoch mittlerweile zum festen Angebot diverser Plattformen. Ausschlaggebend ist hier nicht die Legaldefinition in Fachbüchern sondern die Meinung der Crowd, was diese als Crowdinvestment betrachtet.

Da diese Form der Anlage aktuell die einzige Möglichkeit für Privatanleger ist, in nicht börsennotierte Unternehmen oder Projekte zu investieren, kann Crowdinvesting demzufolge als eigene Assetklasse angesehen werden. Insbesondere der so genannte Early-Stage-Gap, der womöglich so manchen potentiell erfolgreichen Start-Ups zum Verhängnis wurde, wird durch die Finanzierung der Crowd geschlossen. So entsteht neben der monetären Rendite der einzelnen Investoren auch ein volkswirtschaftlicher Nutzen.

Dabei ist der gesamte Prozess zwar durchaus umfangreich aber trotzdem notwendig. Eine strenge Vorauswahl und intensive Prüfung durch die Plattformen ist sowohl im Interesse der Crowd als auch der Plattformbetreiber. Die Start-Ups erhalten dafür im Gegenzug eine Finanzierung, bei der sie meist weniger Anteile abgeben müssen als bei vergleichbaren Finanzierungen durch VC-Gesellschaften oder Business Angels. Dazu kommt, dass die Crowdinvestoren über wenige Mitspracheoder Kontrollrechte verfügen und die Gründer somit weiterhin unbeeinflusst arbeiten können.

Das zum Schutz der Anleger eingeführte Kleinanlegerschutzgesetz wollte durch diverse Pflichten für Kapitalsuchende Unternehmen und Crowdinvesting-Plattformen den Markt regulieren. Letztendlich führte es jedoch nur zu einer Verlagerung des Crowdinvestings hin zu den Ausnahmetatbeständen, damit eine Befreiung der jeweiligen Vorschriften eintritt. Damit stehen die rechtlichen Voraussetzungen zwar nicht schlecht, sie könnten jedoch besser sein, denn einen vollkommenen Anlegerschutz kann es bei dieser riskanten Anlageform schlichtweg nicht geben.

Bei der Analyse der Kapitalanleger stellte sich vor allem heraus, dass die Behavioral Finance einen großen Einfluss auf die Privatinvestoren hat. Vor allem der Dispositionseffekt und das Herdenverhalten zeigen Muster von verhaltensbedingten Fehlentscheidungen auf. Ebendiese Fehlentscheidungen führen vermutlich auch dazu,

Fazit und Ausblick

dass die Investoren nicht in das erhoffte „Unicorn" Start-Up investieren bzw. zu früh wieder aussteigen.

Bei der empirischen Studie auf Grundlage der Datenbasis zweier Webseiten, die sich vollumfänglich mit der Thematik des Crowdinvestings bzw. Crowdfundings befassen, wurde deshalb versucht die eingangs gestellte Forschungsfrage zu beantworten. Sind Crowdinvestings nun eine rentable Beimischung für das Portfolio eines Anlegers oder doch in den meisten Fällen mit Verlusten verbunden?

Die Antwort dazu muss zweigeteilt erfolgen. Zum heutigen Zeitpunkt sind Crowdinvestments der Kategorie „Start-Up" unrentabel. Die negative Gesamtrendite von 68 % sagt jedoch nicht alles aus. Die meisten der Beteiligungen an den Start-Ups sind noch in der aktiven Phase und die aktuelle Tendenz, dass nur jedes 7. Start-Up einen erfolgreichen Exit schafft, kann sich in den nächsten Jahren dementsprechend ändern. Trotzdem bleiben diese Investitionen hochriskant, bieten aber bei den wenigen erfolgreichen Unternehmen bis zu mittlere dreistellige Gesamtrenditen.

Anders sieht es hingegen bei Crowdinvestings der Kategorie „Immobilien" aus. Dieser Teil des Marktes performte mit einer ungewichteten jährlichen Durchschnittsrendite von 5,89 % bezogen auf die bisher erfolgreich zurückgezahlten Projekte weitaus besser. Lediglich ein Ausfall ist bisher zu verzeichnen. Vermutlich ist dies neben dem Immobilienboom auch ein Grund dafür, weshalb der Immobilien-Crowdinvestingmarkt im letzten Jahr um 130 Millionen Euro gewachsen ist und damit eine Steigerung von über 220 % im Vergleich zum Vorjahr erzielte.[159]

Wie weit der gesamte Markt hierzulande noch wachsen könnte, lässt ein Blick nach Großbritannien erahnen. Dort vereint die Crowdinvesting-Plattform Crowdcube.com mehr als das gesamte Volumen in Deutschland auf einer einzigen Webseite. Über 466 Millionen Pfund wurden dort bereits in Start-Ups und Wachstumsunternehmen investiert.[160] Um dies allerdings zu erreichen, muss es zu rentableren Exits und einer attraktiveren Gesetzgebung kommen. Denn bisher scheint es so, als steigen die Mikroinvestoren zu früh aus ihren Beteiligungen aus oder werden von den Gründern herausgedrängt.

Risikofreudige Kapitalanleger können sich bei der Suche nach neuen Anlagemöglichkeiten also durchaus mit der Thematik des Crowdinvestings befassen. Da

---

[159] Vgl. *Harms, M.*, Marktreport, 2018, S. 7.
[160] Vgl. *https://www.crowdcube.com/*, Zugriff am 01.06.2018.

jedoch keine eindeutigen Erfolgsfaktoren identifiziert werden konnten, sollten sie sich dabei stets an die Grundsätze der Portfoliodiversifikation halten und an den Punkten des erarbeiteten Handlungskataloges orientieren. Vor allem der beim Crowdsourcing oft verwendete Begriff der Schwarmintelligenz scheint im Crowdinvesting nicht immer vorhanden zu sein. Investoren sollten deshalb stets auf ihre eigene Meinung vertrauen und sich nicht vom Schwarm oder ihren Emotionen beeinflussen lassen. Um es abschließend mit den Worten des Börsengurus Warren Buffet zu formulieren: „The most important quality for an investor is temperament, not intellect. You need a temperament that neither derives great pleasure from being with the crowd or against the crowd."[161]

---

[161] Vgl. *https://www.suredividend.com/warren-buffett-quotes/*, Zugriff am 01.06.2018.

Literaturverzeichnis

Monografien

Achleitner, Ann-Kristin (Venture-Capital, 2001): Venture Capital, in: *Breuer Rolf-E.* (Hrsg.), Handbuch Finanzierung, 2001, S. 513-529

Averbeck, Daniel (Overconfidence, 2018): Added Value von Behavioral Finance-Fonds Analyse des Investmentkonzeptes und Übersicht über den Anlageerfolg, Berlin: Springer Gabler, 2018

Beck, Ralf (Crowdinvesting, 2017): Crowdinvesting: Die Investition der Vielen, Kulmbach: Börsenmedien-AG, 2017

Breuer, Rolf-E. (Hrsg.) (Finanzierung, 2001): Handbuch Finanzierung, 3. Aufl., Wiesbaden: Gabler Verlag, 2001

Brüntje, Dennis, Gajda, Oliver (Crowdfunding-Europe, 2016) Crowdfunding in Europe State of the Art in Theory and Practice, Cham: Springer International, 2016

Bußalb, Jean-Pierre (Nachrangdarlehen, 2015) Nachrang- und partiarische Darlehen BaFin mahnt bei Kapitalbeschaffung zur Vorsicht, in: BaFin Journal, März 2015, S. 19-22

Caparrelli, Franco, D'Arcangelis, Anna Maria, Cassuto, Alexanderg (Herdenverhalten, 2004): Herding in the Italian Stock Market: A Case of Behavioral Finance, in: The Journal of Behavioral Finance Vol. 5, 4/2004, S. 222–230

Dempsey, Mike (CAPM, 1997): The Capital Asset Pricing Model (CAPM): The History of a Failed Revolutionary Idea in Finance?, in: ABACUS, Volume 49, Issue Supplement S1, 1997, S. 7–23

Dobrev, Sven (Finanzierungsform, 2015): Crowdfunding als alternative Finanzierungsform: Erfolgspotenzial für Start-ups am Beispiel der 'Pebble' Smartwatch, Hamburg: Diplomica Verlag GmbH, 2015

Dohms, Heinz-Roger (Risiko, 2015): Armer Schwarm, in: Capital, Nummer 9/2015, S. 130–133

Drukarczyk, Jochen, Schüler, Andreas (Unternehmensbewertung, 2015): Unternehmensbewertung, 7. Auflage, München: Franz Vahlen Verlag, 2015

European Bank for Financial Services (Vermögensanlage, 2014): Basisinformationen über Vermögensanlagen und Investmentfonds, Köln: Bank-Verlag, 2014

Fama, Eugene Francis (Efficient, 1970): Efficient Capital Markets: A Review of Theory and Empirical Work, in: Journal of Finance, vol. 25, no. 3, S. 383-417

Fan, Jennifer S. (Unicorn, 2016): Regulating unicorns: disclosure and the new private economy, in: BCL Rev Nr. 57, S. 583-642

Fischer, Barbara (Start-Up, 2004): Finanzierung und Beratung junger Start-up-Unternehmen Betriebswirtschaftliche Analyse aus Gründerperspektive, Wiesbaden: Deutscher Universitäts-Verlag, 2004

Freiling, Jörg, Freiling, Ingo (Motive, 2017) Motive von Crowdinvestoren im Crowdinvesting, in: Pechlaner H., Poppe XI. (eds) Crowd Entrepreneurship, Wiesbaden: Springer Gabler, 2017, S. 171-188

Funke, Christian, Gebken, Timo, Johannig, Lutz (Anlegerpräferenzen, 2010): Anlegerpräferenzen und Diversifikation nach der Finanzkrise - Eine Analyse sich wandelnder Risiko- und Anlagepräferenzen institutioneller Investoren, Frankfurt: Union Investment Institutional GmbH, 2010

Haase, Sebastian (Dispositionseffekt, 2016): Der Dispositionseffekt als relevantes Anlegerverhalten Einführung in die Erklärungsansätze und in die empirischen Befunde, Wiesbaden: Springer Gabler, 2016

Hainz, Christa, Hornuf, Lars, Klöhn, Lars, Brauer, Björn, Ehrenfried, Felix, Engelmann, Gerrit (Kleinanlegerschutzgesetz, 2017): Die Befreiungsvorschriften des Kleinanlegerschutzgesetzes, in: ifo Schnelldienst, 6/2017, S. 26-35

Harms, Michel (Marktreport, 2018): Crowdinvest Marktreport 2017 Deutschland, Berlin: Michel Harms, 2018

Harzer, Alexandra (Erfolgsfaktoren, 2013): Erfolgsfaktoren im Crowdfunding, Ilmenau: Universitätsverlag Ilmenau, 2013

Hemer, Joachim, Schneider, Uta, Dornbusch, Friedrich, Frey, Silvio (Innovationsfinanzierung, 2011): Crowdfunding und andere Formen informeller Mikrofinanzierung in der Projekt- und Innovationsfinanzierung, Stuttgart: Fraunhofer Verlag, 2011

Hornuf, Lars, Klöhn, Lars (Ursprung, 2012): Crowdinvesting in Deutschland - Markt, Rechtslage und Regulierungsperspektiven, in: Zeitschrift für Bankrecht und Bankwirtschaft, Nr. 4, 2012, S. 237-320

Hornuf, Lars, Klöhn, Lars (Crowdinvesting-Studie, 2013): Crowdinvesting und Portfoliodiversifizierung – Eine rechtsökonomische Analyse, in: Venture-Capital Magazin, Nr. 2, 2013, S. 34-35

Hoßfeld, Tobias, Hirth, Matthias, Tran-Gia, Phuoc (Crowdsourcing, 2012): Crowdsourcing, in: Informatik-Spektrum: Vol. 35, No. 3, Berlin Heidelberg: Springer-Verlag, S. 204-208

Hölzner, Heike, Kortleben, Hanno, Biering, Benny (Zukunftsperspektiven, 2014): Zukunftsperspektiven im Crowdinvesting Eine Analyse der Entwicklung in Deutschland zwischen 2011 und 2014, Oldenburg: EFNW GmbH, 2014

Jesch, Thomas A. (Private-Equity-Beteiligungen, 2004): Private-Equity-Beteiligungen Wirtschaftliche, rechtliche und steuerliche Rahmenbedingungen aus Investorensicht, Wiesbaden: Gabler Verlag, 2004

Jünemann, Bernhard, Schellenberger Dirk (Hrsg.) (Psychologie, 2000): Psychologie für Börsenprofis: Die Macht der Gefühle bei der Geldanlage, Stuttgart: Schäffer-Poeschel, 2000

Jürgens, Werner H. (Projektfinanzierung, 1994): Projektfinanzierung Neue Institutionenlehre und ökonomische Rationalität, Wiesbaden: Gabler Verlag, 1994

Kaiser, Helmut, Vöcking, Thomas Hrsg. (Asset, 2002): Strategische Anlageberatung Assetklassen und Portfoliomanagement, Wiesbaden: Gabler Verlag, 2002

Kleemann, Frank, Voß, G. Günter, Rieder, Kerstin (Crowdsourcing2, 2009): Crowdsourcing und der Arbeitende Konsument, in: Sozialwissenschaftlicher Fachinformationsdienst soFid (2009), Industrie- und Betriebssoziologie 2009/1, S. 9-23

Kortleben, Hanno, Vollmar, Bernhard H. (Gründungsfinanzierung, 2012) : Crowdinvesting: Eine Alternative in der Gründungsfinanzierung?, in: PFH Forschungspapiere/Research Papers, PFH Private Hochschule Göttingen, No. 2012/06, PFH, Göttingen, 2012

Leimeister, Marco Jan (Crowdsourcing3, 2012): Crowdsourcing - Crowdfunding, Crowdvoting, Crowdcreation, in: Controlling & Management Review 6/2012, 2012, S. 388-391

Lindmayer, Philipp K. M., Dietz, Hans-Ulrich (Geldanlage, 2017): Geldanlage und Steuer 2017 – So machen Sie das Beste aus Brexit und Minuszinsen, Wiesbaden: Springer Gabler, 2017

Maehrle, Harald, Friedrich, Monika, Jaslowitzer, Stefan (Bewertung, 2005): Bewertung junger High Tech-Unternehmen, in: Finanz Betrieb, Heft 12 (2005), S. 834-839

Mai, Manfred (Hrsg.) (Innovationen, 2014): Handbuch Innovationen, Wiesbaden: Springer Gabler, 2014

Markowitz, Harry M. (Portfolio, 2008): Portfolio Selection Die Grundlagen der optimalen Portfolio-Auswahl, München: FinanzBuch Verlag GmbH, 2008

Marmer, Max, Herrmann, Björn Lasse, Dogrultan, Ertan, Berman, Ron (Report, 2011): Startup Genome Report Extra on Premature Scaling, ohne Ort, 2011

Matschke, Manfred Jürgen, Brösel, Gerrit (Unternehmensbewertung, 2013): Unternehmensbewertung Funktionen–Methoden–Grundsätze, 4. Auflage, Wiesbaden: Springer Gabler, 2013

Mausbach, Carmen, Simmert, Diethard B. (Crowdfunding2, 2014): Crowdfunding: Finanzierung über den Schwarm, in: Bankinformation, Nummer 6/2014, S. 298-302

Muth, John Fraser (Rational, 1961): Rational Expectations and the Theory of Price Movements, in: Econometrica, vol. 29, S. 315-335

Nitzsch, Rüdiger von (Entscheidungslehre, 2006): Entscheidungslehre, 3. Auflage, Aachen: Verlagshaus Mainz GmbH, 2006

Rapp, Heinz-Werner (Verhalten, 1997): Der tägliche Wahnsinn hat Methode - Behavioral Finance: Paradigmenwechsel in der Kapitalmarktforschung, in: Jünemann, Bernhard, Schellenberger, Dirk (Hrsg.) (1997): Psychologie für Börsenprofis, S. 76-108

Reis, Jochen, Stübiger Björn (Beteiligungsbranche, 2016): Die deutsche Beteiligungsbranche 2016 – Trends, Schwerpunkte, Innenansichten, München: Rödl & Partner, 2016

Roßbach, Peter (Kapitalmarktanomalien, 2001): Behavioral finance: eine Alternative zur vorherrschenden Kapitalmarkttheorie?, in: Arbeitsberichte der Hochschule für Bankwirtschaft, No. 31, HfB - Business School of Finance & Management, Frankfurt a. Main, 2001

Rödiger, Tim (Burggraben, 2017): Die Burggraben-Strategie, Frankfurt am Main: Campus Verlag, 2017

Schmiedgen Peter (Innovationsmotor, 2014) Innovationsmotor Crowdfunding, in: *Mai Manfred* (Hrsg.) Handbuch Innovationen, 2014, S. 121-140

Schramm, Dana Melanie, Carstens, Jakob (Crowdfunding, 2014): Startup-Crowdfunding und Crowdinvesting: Ein Guide für Gründer, Wiesbaden: Springer Gabler, 2014

Sixt, Elfriede (Schwarmökonomie, 2014): Schwarmökonomie und Crowdfunding Webbasierte Finanzierungssysteme im Rahmen realwirtschaftlicher Bedingungen, Wiesbaden: Springer Gabler, 2014

Söhnholz, Dirk, Rieken, Sascha, Kaiser, Dieter G. (Asset-Allocation, 2010): Asset Allocation, Risiko-Overlay und Manager-Selektion Das Diversifikationsbuch, Wiesbaden: Gabler Verlag, 2010

Internetquellen

Auxmoney.de: Statistiken, <https://www.auxmoney.com/infos/statistiken> [Zugriff 2018-05-04]

Benders, Rolf, Narat, Ingo, Sommer, Ulf: Der größte Aktionär Deutschlands, <https://www.handelsblatt.com/finanzen/anlagestrategie/fonds-etf/blackrock-der-groesste-aktionaer-deutschlands/3768816.html> [Zugriff 2018-05-05]

Boersen-Zeitung.de: Länder-Ratings, <https://www.boersen-zeitung.de/index.php?li=312&subm=laender> [Zugriff 2018-05-04]

Companisto.de: Investorenbereich, <https://www.companisto.com/de/investor-news-details/article-1371> [Zugriff 2018-05-31]

Companisto.de: Wofür wir stehen, <https://www.companisto.com/de/about> [Zugriff 2018-05-04]

Companisto.de: Startseite, <https://www.companisto.com/de/> [Zugriff 2018-05-07]

Companisto.de: Investorenbereich Foodist, <https://www.companisto.com/de/members-dashboard> [Zugriff 2018-05-07]

Companisto.de: Investmentmöglichkeiten, <https://www.companisto.com/de/investments> [Zugriff 2018-05-09]

Companisto.de: FAQ, <https://www.companisto.com/de/faq> [Zugriff 2018-05-22]

Companisto.de: iTravel Aufbau, <https://www.companisto.com/de/investment/itravel> [Zugriff 2018-05-28]

Companisto.de: iTravel Financial Data, <https://www.companisto.com/de/investment/itravel/financial-data> [Zugriff 2018-05-22]

Companisto.de: idana Financial Data, <https://www.companisto.com/de/investment/idana/financial-data> [Zugriff 2018-05-22]

Crowdcube.com: Startseite, <https://www.crowdcube.com/> [Zugriff 2018-06-01]

Crowdfunding.de: Volumen erfolgreich finanzierter Crowdinvesting-Projekte in Deutschland von 2011 bis 2017 (in Millionen Euro), <https://de.statista.com/statistik/daten/studie/631202/umfrage/volumen-erfolgreich-finanzierter-crowdinvesting-projekte-crowdinvesting-in-deutschland/> [Zugriff 2018-04-30]

Crowdfunding.de: Startup Crowdinvesting: Wie hoch ist das Risiko wirklich? <https://www.crowdfunding.de/startup-crowdinvesting-wie-hoch-ist-das-risiko-wirklich> [Zugriff 2018-07-22]

Crowdinvest.de: Datenbank und Erfolgsmonitor für Crowdinvestments Grundlagen der Datenerhebung, <https://www.crowdinvest.de/sites/default/files/dateien/grundlagen_der_datenerhebung_v1_-_crowdinvest_de.pdf> [Zugriff 2018-05-27]

Deutsche-mikroinvest.de: Startseite, < https://www.deutsche-mikroinvest.de/> [Zugriff 2018-05-09]

Deutsche-startups.de: Fördermittel werden noch viel zu wenig genutzt, <https://www.deutsche-startups.de/2014/07/11/foerdermittel-fuer-startups/> [Zugriff 2018-05-04]

Deutsche-startups.de: Returbo – die bisher größte deutsche Crowdinvesting-Pleite, <https://www.deutsche-startups.de/2016/10/24/returbo-crowdinvesting-pleite/> [Zugriff 2018-05-04]

Deutsches Aktieninstitut: Dax-Rendite-Dreieck, <https://www.dai.de/files/dai_usercontent/dokumente/renditedreieck/2015-12-31%20DAX-Rendite-Dreieck%2050%20Jahre%20Web.pdf> [Zugriff 2018-05-04]

Entrepreneur.com: BrewDog plc Gives Original Investors a 2,765% Return, <https://www.entrepreneur.com/article/293623> [Zugriff 2018-07-22]

Exporo.de: FAQ, <https://exporo.de/so-funktionierts> [Zugriff 2018-05-28]

Gfk-verein.org: Gold klingt verlockend und dennoch bleibt das Sparbuch – wie Deutschland investiert, < https://www.gfk-verein.org/presse/gold-klingt-verlockend-dennoch-bleibt-das-sparbuch-wie-deutschland-investiert> [Zugriff 2018-07-22]

Golem.de: Berliner Kamerahersteller Panono ist insolvent, < https://www.golem.de/news/panorama-berliner-kamerahersteller-panono-ist-insolvent-1705-127934.html> [Zugriff 2018-07-22]

Gruenderszene.de: Zwei Models geben ihr Diät-Bier in Deutschland auf, <https://www.gruenderszene.de/allgemein/nixe-bier-startup-insolvenz-deutschland> [Zugriff 2018-07-22]

Gruenderszene.de: TripRebel ist insolvent, < https://www.gruenderszene.de/allgemein/triprebel-insolvent-hotel-buchung> [Zugriff 2018-07-22]

Gruenderszene.de: Protonet ist insolvent, < https://www.gruenderszene.de/allgemein/protonet-insolvenz> [Zugriff 2018-07-22]

Kapilendo.de: Rating und Bewertung, <https://www.kapilendo.de/anleger/rating> [Zugriff 2018-05-27]

Kapilendo.de: Realeyz Erfolgszins, <https://www.kapilendo.de/projekte/7f0ae49b-be00-4a91-ad56-a5a7f87568da> [Zugriff 2018-05-28]

Kapilendo.de: Anleger, <https://www.kapilendo.de/anleger> [Zugriff 2018-05-28]

Kapilendo.de: Zahlen und Statistiken, <https://www.kapilendo.de/crowdfinanzierung-zahlen-und-statistiken> [Zugriff 2018-05-28]

Kickstarter.com: Über uns, <https://www.kickstarter.com/about> [Zugriff 2018-04-30]

Kickstarter.com: Pebble Time Smartwatch, < https://www.kickstarter.com/projects/getpebble/pebble-time-awesome-smartwatch-no-compromises> [Zugriff 2018-04-30]

Ngin-Mobility.com: Größte Crowdfunding-Pleite droht – E-Bike-Bauer Freygeist meldet Insolvenz an, < https://ngin-mobility.com/artikel/e-bike-bauer-freygeist-insolvent-companisto/> [Zugriff 2018-07-22]

Seedmatch.de: Investoren, <https://www.seedmatch.de/fuer-investoren> [Zugriff 2018-05-28]

Seedmatch.de: Jahresrückblick 2014, <https://www.seedmatch.de/system/files/campaign/seedmatch_in_zahlen_q4_2014.pdf> [Zugriff 2018-05-09]

Seedmatch.de: Jahresrückblick 2015, <https://www.seedmatch.de/system/files/campaign/seedmatch-in-zahlen-q4-2015.pdf> [Zugriff 2018-05-09]

Seedmatch.de: Jahresrückblick 2016, <https://www.seedmatch.de/system/files/campaign/seedmatch-in-zahlen-q2-2016.pdf> [Zugriff 2018-05-09]

Seedmatch.de: FAQ, <https://www.seedmatch.de/faq> [Zugriff 2018-05-22]

Seedmatch.de: Für Gründer, < https://www.seedmatch.de/fuer-gruender> [Zugriff 2018-06-24]

Seedmatch.de: Rückkauf-Angebot mit dreistelliger Rendite: „Bisher höchste Rendite im Deutschen Crowdinvesting", <http://blog.seedmatch.de/2016/02/08/leaserad-rueckkaufangebot-rendite-crowdinvesting-crowdfunding/> [Zugriff 2018-05-29]

Statista.de: Entwicklung der Rendite zehnjähriger Staatsanleihen Deutschlands in den Jahren von 1995 bis 2017, <https://de.statista.com/statistik/daten/studie/200193/umfrage/entwicklung-der-rendite-zehnjaehriger-staatsanleihen-in-deutschland/> [Zugriff 2018-05-04]

Statista.de: Entwicklung des weltweit in ETFs verwalteten Vermögens von 2003 bis 2016 (in Milliarden US-Dollar), <https://de.statista.com/statistik/daten/studie/219372/umfrage/weltweit-in-etfs-verwaltetes-vermoegen-seit-1997/> [Zugriff 2018-06-10]

Statista.de: Anzahl der Venture Capital-Investitionen in Deutschland von 2010 bis 2016, < https://de.statista.com/statistik/daten/studie/657680/umfrage/anzahl-der-venture-capital-investitionen-in-deutschland/> [Zugriff 2018-07-22]

Statista.de: Volumen der Venture Capital-Investitionen in Deutschland von 2010 bis 2016 (in Milliarden US-Dollar), < https://de.statista.com/statistik/daten/studie/657682/umfrage/volumen-der-venture-capital-investitionen-in-deutschland/> [Zugriff 2018-07-22]

StartupValley.news: Startup Doxter wird verkauft, <https://www.startupvalley.news/de/startup-doxter-wird-verkauft/> [Zugriff 2018-05-29]

Sueddeutsche.de: Der neue Fiat 500 Ein Volk tobt sich aus, < http://www.sueddeutsche.de/auto/der-neue-fiat-ein-volk-tobt-sich-aus-1.909162> [Zugriff 2018-05-02]

SureDividend.com: 107 Profound Warren Buffett Quotes: Learn To Build Wealth, <https://www.suredividend.com/warren-buffett-quotes/> [Zugriff 2018-06-01]

Test.de: Crowdfunding: Erstmals Insolvenzverfahren bei Immobilienprojekt, <https://www.test.de/Crowdfunding-Erstmals-Insolvenzverfahren-bei-Immobilienprojekt-5230204-0/> [Zugriff 2018-05-30]